Christiane Florin

Die Ehe

CHRISTIANE
FLORIN

Die Ehe

EIN RISKANTES
SAKRAMENT

Kösel

Der Kösel-Verlag weist ausdrücklich darauf hin, dass im Text enthaltene externe Links vom Verlag nur bis zum Zeitpunkt der Buchveröffentlichung eingesehen werden konnten. Auf spätere Veränderungen hat der Verlag keinerlei Einfluss. Eine Haftung des Verlags für externe Links ist stets ausgeschlossen.

MIX
Papier aus verantwortungsvollen Quellen
FSC® C014496
FSC www.fsc.org

Verlagsgruppe Random House FSC® N001967

Umschlag: Weiss Werkstatt München
Umschlagmotiv: © plainpicture/John Weber | BildNR. p395m987552
Druck und Bindung: GGP Media GmbH, Pößneck
Printed in Germany
ISBN 978-3-466-37154-9
www.koesel.de

Dieses Buch ist auch als E-Book erhältlich.

Inhalt

EINLEITUNG

Was auf dem Spiel steht 7

I. WITH GOD ON OUR SIDE ODER: WIE GOTT INS SPIEL KAM

Annäherung im Wandel – Ehe im Schnelldurchlauf 23

Und er sah, dass es gut war: die Ehe im Alten Testament 31

Selig sind die Verheirateten? Die Ehe im Neuen Testament 41

Der Kirchenvater entlässt seine Kinder 51

Himmel! Herrgott!! Sakrament!!! 57

Sag mir, wo die Sünder sind? Die Familiensynode 71

Was würde Oma dazu sagen? 77

II. HOCH GEPOKERT: UNSERE ANSPRÜCHE

Hurra, welches Joch! Die Ehe und das Glück 89

Wegen Emil seine unanständige Lust: Ehe und Erotik 109

Verdächtige Liederlichkeit, Faulheit, Widerspenstigkeit: Ehe und Gerechtigkeit 131

Du, du, nicht du allein: Die Ehe und die Treue 149

SCHLUSSWORT

Spiel über die Bande 167

Zitiertes, Gelesenes, Lesenswertes (Auswahl) 173

Einleitung: Was auf dem Spiel steht

Dieses Buch ist kein Eheratgeber. Öffentliche Tipps für lebenslanges Lieben sind zwar begehrt beim Publikum, aber riskant für diejenigen, die sie geben. Das wusste schon die Kino-Legende Ingmar Bergmann. Sein Klassiker »Szenen einer Ehe« beginnt mit einem Interview. Eine Journalistin befragt das traute Paar Marianne und Johan. Kaum ist die Homestory gedruckt, liefern sich die beiden hässliche Szenen: Er zieht zu seiner jungen Geliebten, sie ist erst verletzt, dann befreit. Die beiden kommen nicht voneinander los und können doch nicht miteinander leben.

Der Film von 1973 war ein Skandal. Dabei breitet Bergmann nur aus, was viele andere Künstler in Aphorismen verknappt haben. Die Zweisamkeit verdoppelt nicht das Glück, sondern die Probleme. Wer in Zitatdatenbanken nach den berühmten drei Buchstaben sucht, findet hauptsächlich Lästerliches. »Die Ehe ist ein Versuch, zu zweit wenigstens halb so glücklich zu werden, wie man allein gewesen ist«, ätzte Oscar Wilde durchaus repräsentativ für die Gattung der Geistesgrößen. »Die Heirat ist die einzige lebenslängliche Verurteilung, bei der man auf Grund schlechter Führung begnadigt werden kann«, spottete Alfred Hitchcock. Simone de Beauvoir analysierte feministisch inkorrekt: »Die Ehe ist auch für den Mann Unterjochung. In ihr gerät er in die Falle, die die Natur ihm stellt: Weil er ein blühendes junges Mädchen geliebt hat, muss er ein Leben lang eine dicke Matrone, eine vertrocknete Alte ernähren.«

Beethovens »Fidelio«, dieses Lob der Gattenliebe, kann all die Schmähkritik nicht übertönen. Die Liebe hat in Kunst, Musik und Literatur einen guten Ruf. Die Ehe eher nicht. Kitschfilme schließen mit dem Kuss vor dem Traualtar und lassen sich vorsorglich nicht auf den Happy-End-gefährdenden Alltag zwischen Aufwachgesicht und Zahnpastatubezuschrauben ein.

Ich höre die Leserinnen und Leser schon seufzen: Mein Gott, kann man ein Buch über die Ehe nicht positiver beginnen? Immerhin gibt es Paare, die ein Leben lang zusammenbleiben, viele sogar freiwillig, aus Liebe. Und immerhin ist die Ehe ein einzigartiges Erfolgsmodell: Das Leitbild der Monogamie, der Verbindlichkeit, der lebenslangen Treue hat das Zusammenleben von Menschen in den vergangenen 2000 Jahren tief greifend verändert. Es war eine Revolution durch Stabilität.

Aktuelle Ehe-Bestandsaufnahmen in Deutschland schwanken zwischen »immer noch« und »nicht mehr«. Immer noch ist die Ehe hier die am weitesten verbreitete Form des Zusammenlebens von Mann und Frau, gut 18 Millionen Ehen gibt es in Deutschland. Die Mehrheit der Kinder wächst bei den leiblichen Eltern auf, und die sind meist miteinander verheiratet.

Mit Statistiken und Umfrageergebnissen lässt sich aber genauso gut belegen, dass die Ehe nicht mehr die allein akzeptierte Form des Zusammenlebens ist. Sie ist weder Bedingung für einen Mietvertrag noch fürs Kinderkriegen und schon gar nicht für Sex. Die Zahl der katholischen Trauungen hat sich seit dem Ende der 1980er-Jahre mehr als halbiert, von gut 110 000 auf 44 158 im Jahre 2014.

Die Ehe war die Norm, heute ist sie ein Leitbild unter mehreren. Allerdings ein gefragtes: Eine knappe Mehrheit der jungen Deutschen hält laut neuester Shell Jugendstudie Heiraten für »in«. Das heißt nicht unbedingt, dass eine Hochzeit für einen selbst infrage kommt. Aber fast jeder stellt sich mindestens einmal im Leben die Frage nach ernsthafter Bindung. Kaum eine Zwanzigjährige sagt: »Ich träume davon, mit Mitte 30 eine Ein-Eltern-Familie zu haben.« Die Wahrscheinlichkeit, mit 35 tatsächlich alleinerziehend zu sein, liegt deutlich höher als vor 20 Jahren. Am Traum ändert diese Realität jedoch nichts. Zweisamkeit ist heilig. Heiliges und Heikles gehen fließend ineinander über.

Niemand würde in einen Zug steigen, wenn laut Statistik 30, 40, 50 Prozent dieses Modells aus der Kurve fliegen. Bei der Ehe ist das anders. Die Scheidungszahlen sind bekannt, und doch hofft jeder: Bei uns wird es schon gut gehen, wir machen es besser als die anderen. Eine Ehe wird nicht mehr aus Konvention geschlossen, auch nicht nur aus Liebe, sondern aus Lust am Liebes-Risiko. Zu schaffen, woran andere scheitern, darin liegt ein Reiz. »Die Liebe wird zugleich wichtiger und schwieriger denn je«, schrieben das Soziologenpaar Ulrich Beck und Elisabeth Beck-Gernsheim 1990 in ihrem weitsichtigen Buch über »Das ganz normale Chaos der Liebe«.

Aktuelle Hochglanzmagazine zeugen von dem Ehrgeiz, eine Ehe wie eine Risikosportart mit Erfrischungstipps und Trainingseinheiten anzugehen: Da ist das Supermodel, das jedes Jahr das Hochzeitsversprechen an einem feinsandigen Strand erneuert; da ist die Schauspielerin, die vom ewigen Zauber der magischen blauen Augen ihres Ehemannes und Managers schwärmt; da ist der Deutschrocker, der schwört, niemals ohne seine Frau auch nur eine einzige Stunde zu verbringen. Irgendwann lassen die durchtrainierten Stars kleinlaut eine Presseerklärung über ihren Anwalt verschicken mit dem Wort, das in diesen Fällen immer fällt: auseinandergelebt.

Wer öffentlich damit protzt, wie reißfest der eigene Bund fürs Leben ist, riskiert eine baldige Scheidung. Dieser Zusammenhang lässt sich zwar eher aus bunten Blättern ableiten als aus den Datensätzen des Statistischen Bundesamtes. Die Korrelation kommt mir dennoch plausibel vor. Ich jedenfalls misstraue jedem Paar, das die »Geheimnisse seiner glücklichen Beziehung« ausbreitet. Eine Ehe taugt nicht zu Demonstrationszwecken, auch wenn sie als Leistungsschau des Glaubens oder der Beziehungsarbeit inszeniert wird. Was sie war, was sie ist, was sie sein soll – davon handelt dieses Buch.

Ich bin verheiratet und möchte es bleiben. Schon deshalb verzichte ich auf Verführungsvorschriften und Kommunikationsanleitungen. Das überlasse ich den Experten. Als Verheiratete bin ich noch lange kein Eheprofi, eher Ehekonsumentin. Profis, das sind immer die anderen: die Therapeuten, die Soziologen, die Juristen und, da in diesem Buch vom Sakrament die Rede ist, die ausdrücklich Unverheirateten: Päpste, Priester und Theologen im Kardinalsrang. Ich bin nur Journalistin, Beobachterin und, falls es diese Berufsbezeichnung gibt, Beschreiberin. Ich werde beschreiben, wie die Ehe in die Welt kam, wie sie sich verändert hat und wie »wir« uns verändert haben.

Dieses Buch nimmt sich – der Untertitel verpflichtet – besonders intensiv die kirchlich geschlossene Ehe vor. Die meisten Bücher dazu beschreiben wenig und behaupten viel. Ich habe theologische Werke neueren Datums über Ehe und Familie gewälzt, in denen mir auf keiner der 500 Seiten ein einziger Mensch begegnet, den ich auch im wirklichen Leben hätte treffen können. Stattdessen kommen ausgiebig Päpste, Kirchen- und Konzilsväter zu Wort. Wenn es lebensnah werden soll, werden Romanfiguren herbeizitiert. Das wird in diesem Buch etwas anders sein. An lehramtlichen Dokumenten führt kein Weg vorbei, an belletristischen Eheschicksalen ebenso wenig, aber ich werde auch Menschen aus meinem Leben mitreden lassen.

Professionell beschäftige ich mich seit gut fünf Jahren mit der katholischen Kirche. Vieles habe ich in dieser Zeit über die Institution lernen müssen. Vieles war mir neu, obwohl ich der Kirche seit meiner Taufe vor 48 Jahren angehöre. Befeuert von der Diskussion über die Familiensynode habe ich einiges über die Ehe dazugelernt. Auch da war mir vieles neu, obwohl ich seit 18 Jahren verheiratet bin. Ich staunte zum Beispiel über einen Satz des Präfekten der Glaubenskongregation Gerhard Ludwig Müller: »Die unauflösliche Ehe entzieht die Ehegatten dem Mutwillen und der Tyrannei der Gefühle und der Stimmungen.«

Sakramentalität, sagt der Kardinal sinngemäß, ist etwas anderes als Sentimentalität. Standesamt plus Gottes Segen – das macht noch keine katholische Ehe aus. Den meisten der 44 000 Paare, die mit Tränen in den Augen ihr Ja-Wort vor einem Altar sprechen, dürfte die Absage an die »Tyrannei der Gefühle« fremd sein. Auch ich wusste damals nicht, dass ich die großen Männer der Kirchengeschichte, von Paulus über Augustinus bis Gerhard Ludwig, gleich miteheliche.

Ein Bekannter hat vor Kurzem kirchlich geheiratet. Die Location für die Party war bestellt, das Essen ausgesucht, dann stand das Traugespräch an. »Ich bezweifle, dass ich das alles versprechen kann«, sagte er. »Was heißt alles?«, fragte ich zurück. Er antwortete: »Zum Beispiel dass ich die Kinder im christlichen Glauben erziehe.« Er stimme nicht mit allem überein, was die Kirche lehre und als »christlichen Glauben« etikettiere. Ich sei doch auch oft kritisch mit den Päpsten und der katholischen Sexualmoral, wie hätte ich das denn bei meiner Hochzeit versprechen können, wollte er wissen.

Ja, warum konnte ich am 3. Oktober 1998 in der Pfarrkirche Sankt Laurentius in Niederkassel-Mondorf als gefühlt kritische Katholikin Ja sagen? Jung und naiv war ich mit 30 bestimmt nicht mehr, erpicht auf ein Dasein als Gattin und Mutter noch weniger.

Ich konnte es, weil in diesem Moment nach reiflicher Überlegung und aus freiem Entschluss all die Ausführungsbestimmungen und Geschlechtsverkehrsregelungen unwichtig werden. Sie erscheinen angesichts des großen Versprechens einem geliebten Menschen gegenüber als Kleingedrucktes und Kleinliches. »Ich will dich lieben, achten und ehren und dir die Treue halten alle Tage meines Lebens« – mehr geht nicht. Kein Wort über die Pille, kein Wort über Jungfräulichkeit, keine Silbe über ewiges Glück. Auf Liebe kommt es an, auf Respekt, auf menschlichen Willen und göttlichen Beistand.

Wer nach katholischem Ritus heiratet, leistet keinen Eid auf die Glaubenskongregation, sondern schließt einen Bund vor und mit Gott. Für mich heißt Sakrament, Gottvertrauen mit Gestaltungswillen und Realitätssinn mit Romantik zu verbinden. In die Worte ist eingespeist, dass nicht alles so schön bleiben wird wie am Tag der Hochzeit. Ich will dich lieben, wie du warst, wie du bist, wie du sein wirst. Ich ahne, dass du dich verändern wirst, ich ahne, dass ich mich verändern werde. Und ich hoffe, wir halten dem stand. So lautet das Versprechen in meiner Übersetzung. Verglichen mit dieser vorauseilenden Lebensklugheit wirkt das Dauer-sexy-happiness-Grinsen televisionärer Wedding-Planner dümmlich.

Apropos Planung: Mindestens so schwierig wie die Auswahl der Lieder und Gebete für den Gottesdienst ist die Tischordnung für die Feier danach. Wer kann neben wem unfallfrei sitzen? Wer liegt mit wem im Clinch? Wer war mal mit wem zusammen, möchte aber bestimmt nicht neben dem Ex platziert werden?

Ich war bis Ende 2015 Redaktionsleiterin der ZEIT-Beilage Christ & Welt. Darin erschien über mehrere Jahre eine Ratgeberkolumne. Rund 80 Prozent der Fragen an unsere Kolumnistin hatten mit Familie und Partnerschaft zu tun. Mich hat erstaunt, was sich in den vier Wänden unserer christlich grundierten Leserschaft abspielt. Lange hatte ich geglaubt, allein zu sein mit den Katastrophen und Bitterkeiten im eigenen Nahbereich. Aber dann erzählten gut katholische Abonnenten in seitenlangen Briefen aus ihrer Familie: Da reden Ehegatten seit Jahrzehnten kein Wort mehr miteinander und wollen von der Ratgeberin wissen, ob das besser ist als Streiten; da hat ein Sohn Krach mit dem Vater und fragt, ob er trotzdem zur Hochzeit der Schwester fahren soll. Da gehen 82-Jährige fremd und 28-Jährige leiden darunter, dass der Freund keine kirchliche Hochzeit will.

Familie ist eine merkwürdige Mischung aus Bindung und Fragilität, ein Schutzraum mit hohem Verletzungsrisiko. Wer Tischordnungen schreibt und Ratgeberkolumnen liest, spürt, wie weise die Zeile des Eheversprechens von den guten und den schlechten Tagen, vom Achten und Ehren ist. Verachtung liegt ganz nahe.

Die Weisheit, die aus der Trauliturgie spricht, merkt man der katholischen Kirche kaum an. Ausgerechnet die Zweisamkeit entzweit. Bei diesem Thema werden die Gräben zwischen den kirchenpolitischen Lagern besonders sichtbar. Gerade an der Unauflöslichkeit der Ehe scheiden sich die Geister. Sowohl für Konservative als auch für Liberale erweist sich an diesem Punkt, wie reformbereit die Kirche ist. Veränderung bedeutet für das eine Lager Verfall, für das andere Verheißung. Deshalb bekam bei der Abschlusserklärung der Familiensynode im Oktober 2015 der Passus zu den wiederverheiratete Geschiedenen die knappste Mehrheit.

Es mangelt nicht an Meinungen in diesem Konflikt. Es mangelt erst recht nicht an Resolutionen und Dokumenten. Auf jede katholische Eheschließung kommen in Deutschland mindestens zwei Positionspapiere zur Ehe.

Woran es in der Kirche mangelt, ist die wache, ehrliche Beschreibung dessen, was war und was ist. Im Herbst 2013 wollte Papst Franziskus von den Gläubigen wissen, wie sie leben und lieben und welche Rolle die kirchliche Lehre dabei spielt. Das Ergebnis der Umfrage überrascht nicht. Dass aber ein Papst die Wirklichkeit in den Vatikan lässt, dass er nach dem Sein fragt und nicht nur das Sollen lehrt, ist neu. Seitdem hat sich die Beweislast umgekehrt: Die Lehre steht unter Druck. Rechtfertigen müssen sich angesichts der Ergebnisse diejenigen, die alles so lassen wollen, wie es ist.

Eine Ehe kann ein großes, tiefes Glück sein. Ausgerechnet die scharfzüngige Chansonette Hildegard Knef bekannte einmal in einem Interview: »Ich bin glücklich, wenn ich mit einem Menschen ein wunderbares Gespräch führe, mit Freunden zusammensitze, einen Mann habe, der mich liebt und den ich liebe. Und die Schönheit einer Ehe, die Schönheit einer Verbindung zwischen zwei Menschen ist das Glück.«

Schöner als die Diva hätte es kein Kardinal sagen können. Allerdings hatte die Knef zwei Scheidungen hinter sich. Sie wusste, dass die Ehe zutiefst unglücklich machen kann. Mag sein, dass unverheiratete Paare anfälliger für die »Tyrannei der Gefühle« sind, für die dauernde Frage: »Fühlt sich das mit uns noch gut an?« Es gibt jedoch in vielen Ehen eine Tyrannei der Gefühlskälte, die Dogmatiker gern übersehen.

In diesen banalen Feststellungen liegt der gesamte Zündstoff der innerkirchlichen Diskussion: Wenn die Ehe ein Sakrament, also ein von Gott gestifteter Bund ist, kann sie dann überhaupt scheitern? Wenn sie heilig ist, kann sie an etwas so Profanem wie Alltag und Gewohnheit zerbrechen? Wenn ihr ein freier Entschluss zugrunde liegt, warum sind die Partner dann nicht so frei, sich neu zu binden, wenn sie einander nicht mehr lieben, wenn einer den anderen betrogen hat oder sich um das Lebensglück betrogen fühlt? Kann es sein, dass Brautpaare zwar Glück wollen, für den Katholizismus jedoch Gottgefälligkeit die viel wichtigere Kategorie ist?

Viele Bücher zum Thema Ehe tragen das Wort »Auslaufmodell« im Titel. Manchmal schwingt da ein Seufzer mit, manchmal Erleichterung. Doch die Frage: Ist die Ehe am Ende?, ist falsch gestellt. Die Ehe hat sich im Laufe der Geschichte, auch der Kirchengeschichte, eher als Modellierobjekt denn als starres Modell erwiesen. Sie hat sich zumindest in Europa vom ökonomischen Zweckverband zur Vielzweck-Gemeinschaft gewandelt. Einer der modernen Zwecke ist Gefühlsgewinn. Die Liebe kann auf die Ehe verzichten, aber die Ehe auf die Liebe nicht.

In den 1950er- und frühen 1960er-Jahren, dem sogenannten goldenen Jahrzehnt der Ehe, war dies keineswegs selbstverständlich. Ob nur die Zahlen glänzend waren oder auch die Augen der Beteiligten, darüber sagt die Statistik nichts. Die Versuchung ist gerade in der Kirche groß, die Vergangenheit zu verklären und die Jahrzehnte nach der sexuellen Revolution als Verfallsgeschichte zu erzählen. Doch es war mitnichten »alles« besser, als mehr Ehen geschlossen und weniger geschieden wurden. Die hohen Verheiratetenquoten dieses Jahrzehnts waren eher die Ausnahme als die Regel, stellt die evangelische Theologin Isolde Karle in ihrer Ehegeschichte unsentimental fest. Sie taugen nicht als ewige Bezugsgröße.

386 000 Eheschließungen gab es 2014, 1960 waren es 521 445. Die aktuelle Statistik der Ehe fällt nicht goldgerahmt aus, das Ja-Wort selbst schimmert jedoch güldener denn je. Fernsehsender lassen Bräute miteinander um die stimmigste, krachendste oder rührendste Feier konkurrieren. Die Hochzeit ist ein Frauentraum wie in den Fünfzigern, nur dass nun im Rückenausschnitt der Braut oft Tattoos aufblitzen. »Für das Kleid bekommt Nadine von mir vier von fünf Herzchen«, sagen angehende Ehefrauen über die Konkurrentinnen. Auch die Kirche hat ihren Platz: »Der Pfarrer bekommt von mir nur ein Herzchen, der hat so genuschelt.«

Die Ehe gehört wie eh und je zur Pop-Kultur. Sie hat die intellektuellen Demontagearbeiten der 1960er- und 1970er-Jahre gewandelt überstanden. Damals galt sie freundlich betrachtet als Inbegriff der Spießigkeit, linksdrehende Ideologen diffamierten sie als Keimzelle des Faschismus. Spätestens mit der heiratsfreudigen Regierungsspitze Schröder/Fischer 1998 war die geistig-moralische Wende des linksalternativen Milieus zur neuen Bürgerlichkeit inklusive Trauschein vollzogen. Dieser

Einstellungswandel hat zwar nicht zu mehr Trauungen geführt. Aber wer sich traut, traut der Ehe zu, dass sie mit der Emanzipation vereinbar ist.

Gerade in jüngster Zeit ist die Ehe zum Objekt einer anderen Emanzipationsbewegung geworden. Ausgerechnet im katholischen Irland wurde die »Ehe für alle« per Referendum eingeführt. In Deutschland dürfen Homosexuelle seit dem Jahr 2001 eine eingetragene Lebenspartnerschaft eingehen, zur grundgesetzlich geschützten Institution der Ehe haben sie noch keinen Zutritt. Selbst bei völliger rechtlicher Gleichstellung der Lebenspartnerschaft bleibt ein wichtiger semantischer Unterschied: Eine Ehe ist nach heutigem Verständnis die öffentliche Dokumentation der Liebe zwischen zwei Menschen und nicht nur eine Fürsorge- und Haftungsgemeinschaft. Für den Staat ist sie allerdings traditionell genau das: eine effiziente kleine Kümmer-Einheit. Ob Liebe dieser Verbindlichkeit zugrunde liegt, hat weder den Staat noch die Verfassungsrechtler zu interessieren. Sowohl Politiker als auch Juristen sind aber mit dieser Herzensangelegenheit in der Debatte um die »Ehe für alle« konfrontiert. Wer sie fordert, strebt emotionale Gleichberechtigung an, nicht nur juristische.

Aus dem Güter- und Fortpflanzungsverbund Ehe ist die von Dogmatikern gefürchtete Gefühlsgemeinschaft geworden, im säkularen Verständnis, aber auch im kirchlichen, ganz gleich, was die Glaubenskongregation dazu sagt.

Die Mischung aus Gefühl und Kalkül macht die Ehe verführerisch – und zugleich riskant. Wer kann sich schon seiner Emotionen auf Dauer sicher sein? Ob die Jahre nach dem Ja erfüllt sind oder ob sie in eine große Leere münden, ob die Zuneigung wächst oder ob sie verkümmert, ob aus zwei Menschen wirklich »ein Fleisch« wird oder ob zwei nebeneinander einsam bleiben: Bei der Ehe stehen unsere Hoffnungen, unser Glaube, unsere Liebe auf dem Spiel, das eben kein Spiel ist.

Lebenslange Bindungen sind um uns herum Ausnahmen geworden, jeder Vertrag ist kündbar, jede Festplatte neu formatierbar. Stammkunden, Stammgäste, Stammwähler – alles Vokabeln einer fernen Zeit. Die Ehe, die kirchliche zumal, wirkt in einem solchen Umfeld exotisch.

An Theorien zur Ehe – von Spießigkeits- bis zu Subversionsvermutungen – fehlt es nicht. Überbauspezialisten wie Friedrich Engels, Theodor Adorno und Niklas Luhmann haben sich denkstark zur Drei-Buchstaben-Lebensform geäußert. Was es aber tatsächlich heißt, sein Leben mit einem anderen zu teilen, in guten und in schlechten Tagen, das lässt sich nicht vordenken. Das geht nur praktisch.

Gerade in der Stabilität liegt das Wagnis. »Gib mir ein kleines bisschen Sicherheit«, heißt es in einem Hit, der gern zu Trauungen gewünscht wird. Wir gegen den Rest der Welt. Doch Nähe ist ambivalent, sie bedeutet Schutz und Verletzungsgefahr. Wer sich verbindlich bindet, setzt seine Seele ein, seinen Geist, seinen Körper. Wer sich einsetzt, setzt sich aus. Und hofft, dass es im Großen und Ganzen gut ausgeht, ohne genau zu wissen, was »das Gute« sein soll.

Die katholische Kirche hat eine sehr genaue Vorstellung davon, was gut ist, und eine noch genauere, was nicht gut ist. Die gesellschaftlichen Vorstellungen waren in Deutschland lange ähnlich, mittlerweile weichen sie voneinander stark ab. So stark, dass sich das sakramentale Verständnis von Ehe kaum in die Mitte der Gesellschaft vermitteln lässt. Die Unauflöslichkeit ist von der ergeben akzeptierten Vorschrift zur Provokation geworden.

In diesem Spannungsfeld zwischen kirchlichen und gesellschaftlichen Vorstellungen bewegt sich das Buch: Ich beschreibe zunächst die religiös begründete Ehe, von den Anfängen im Alten Testament bis zur aktuellen Diskussion auf der Familiensynode. Je tiefer ich in die Materie eintauchte, desto mehr staunte ich darüber, dass auf so wenigen Bibelstellen ein gewaltiges Lehrgebäude fußt.

Danach nehme ich einige Risikofaktoren in den Blick: Ehe und Glück, Ehe und Sexualität, Ehe und Gerechtigkeit, Ehe und Treue. Man möge mir verzeihen, dass ich vor allem gesellschaftliche Entwicklungen in Deutschland aufgreife und die afrikanische »Ehe in Etappen« oder die Hochzeitsbräuche der Inuit allenfalls peripher erwähne.

Im Zuge meiner Recherchen hat sich nicht gleich meine Ehe, aber mein Bild von Ehe aufgelöst. Das Cover zeigt ein Gemälde. Eine Braut in Weiß hat ihren angestammten Platz verloren. Aber sie ist noch da. Die Geschichte der Ehe ist auch die ihres Wandels.

Eine Meinung zum Thema hat jeder, dem ich von diesem Buch erzählt habe, ob verheiratet oder ledig, geschieden oder Goldhochzeitsjubilar, ob jung oder alt, homo- oder heterosexuell. Das Urteil über die Ehe in meinem Bekanntenkreis fällt weniger böse aus als das der eingangs zitierten Aphoristiker, aber auch weniger euphorisch, als es sich Kirchenvertreter wünschen mögen. Wenigstens das kann ich ohne Risiko behaupten: Die Ehe geht alle an.

I.

WITH GOD ON OUR SIDE
ODER: WIE GOTT INS
SPIEL KAM

Annäherung im Wandel – Ehe im Schnelldurchlauf

Die Ehe ist älter als das Christentum und jünger als die Kirche. Dass Paare auseinandergehen ist nicht, wie in konservativkatholischen Kreisen gern behauptet wird, die Schuld der sozialliberalen, sexuell-befreiten Koalition unter Willy Brandt. Es hat eine lange Tradition, dass in Ehegesetzen die Scheidung gleich mit geregelt wird. Und es hat eine lange Tradition, dass eher von der Sollbruchstelle die Rede ist als von der unverbrüchlichen Treue. Das war schon am Berg Sinai so und kommt auch in profanen Gesetzestexten zum Ausdruck. Hammurabi, König von Babylon, war gewiss kein Achtundsechziger. Aber sein Codex von 1700 vor Christus denkt das Ende schon mit. Dass es in dieser Form des Zusammenlebens weder immer traut noch erotisch erfüllend zugeht, lassen die Sätze über Eheverfehlungen, Zweitehe und Verstoßungen erahnen.

Das römische Eherecht hinterlässt einen ebenso zwiespältigen Eindruck. Die Ehe wird einerseits einem privilegierten

Personenkreis, römischen Bürgern, zuteil. Es gibt Bestimmungen zur Ehefähigkeit, zum Ehewillen und zu den Ehegütern. Fein unterscheidet das Recht zwischen der Manus-Ehe, bei der die Frau sich in die Hand des Mannes begibt, und der manusfreien Ehe, bei der die Frau in ihrem bisherigen Umfeld bleibt. Andererseits wird trotz dieser Sicherheitsvorkehrungen Scheidung nicht ganz ausgeschlossen. Wenn das Paar den Ehekonsens öffentlich aufkündigt, ist die Ehe beendet. Ein Gericht befindet nicht darüber. Eine römische Durchschnittsehe beginnt unsentimental, verläuft unsentimental und endet unsentimental. Vor allem Vermögensverhältnisse halten zusammen.

Jesus erfindet die Ehe nicht, er findet sie vor. Zum subtilen Sakrament der katholischen Kirche wird sie im Zweiten Laterankonzil, vor allem in Abgrenzung zum Zölibat. Die feierliche Erhebung zu einem von sieben Sakramenten formuliert das Trienter Konzil (1545 bis 1563), diesmal in Abgrenzung zu Martin Luthers Wort von der Ehe als »weltlich Ding«. Einen Eigenwert hat die Ehe im Christentum viele Jahrhunderte lang nicht. Sie führt bestenfalls ein Dazwischen-Sein: deutlich geringer angesehen als Ehelosigkeit, Jungfräulichkeit und Solo-Märtyrertum, aber akzeptiert als kleineres Übel im Vergleich zur freien Lustbefriedigung.

Das Christentum kommt gut 1000 Jahre ohne eine lehramtlich geregelte kirchliche Ehe aus – und noch länger ohne die Liebe. Zwar spricht der Apostel Paulus in einem Brief an die Epheser davon, aber dieses Detail geriet in Lehre und Leben schnell in Vergessenheit. Für die Reformatoren ist die Ehe als Liebesbeziehung durchaus ein großes Thema, für ihr Gegenüber nicht. Amtlich anerkannt wird die Liebe als wichtigstes Wesensmerkmal der katholischen Ehe erst im Zweiten Vatikanischen Konzil, rund 400 Jahre nach Trient. Dann allerdings mit Harfen und Trompeten: »Gaudium et Spes«, diese Heiligpreisung der Paarbeziehung, liest sich wie eine Kompensation für die anfängliche Geringschätzung der Ehe.

Christen heiraten jahrhundertelang so, wie es in ihrer Kultur üblich ist. Die Familie bestimmt das Ritual, weniger die religiöse Gemeinschaft. Als es aber eine kirchliche Zeremonie gibt, übernimmt die Kirche die zivile Aufgabe, Ehen zu schließen und die Eheschließung zu dokumentieren. Erst mit der Einführung der obligatorischen Zivilehe – in Deutschland zunächst 1874 in Preußen, dann 1875 im Deutschen Reich – entsteht eine Konkurrenzsituation: Die katholische Kirche markiert mit einem eigenen Eherecht die Differenz zur Welt draußen. Sie legt Wert darauf, dass sich ihr Eheverständnis von dem des Staates unterscheidet. Seit 2009 ist es laut Personenstandsrechtsreformgesetz sogar möglich, ausschließlich kirchlich zu heiraten. Die evangelische Kirche verlangt weiterhin eine zivile Hochzeit, die katholische nicht.

Innerhalb der katholischen Kirche besteht eine Spannung zwischen Eherecht und Ehesakrament. Im Codex Iuris Canonici (CIC) von 1917 heißt es recht prosaisch: »Erstrangiger Zweck der Ehe ist die Zeugung und Erziehung von Nachkommenschaft; zweitrangiger die gegenseitige Hilfe und die Heilung des Begehrens.« Der Konzilstext »Gaudium et Spes« von 1965 schwärmt dagegen poetisch von der Macht der Liebe. Demnach entsteht eine Ehe »durch den personal freien Akt, in dem sich die Eheleute gegenseitig schenken und annehmen …« Und: »Die innige Gemeinschaft des Lebens und der Liebe in der Ehe … wird durch den Ehebund, d.i. durch ein unwiderrufliches personales Einverständnis gestiftet.«

Aus der »Krankheit« wird innerhalb von fünf Jahrzehnten ein göttliches Geschenk, die Heilung des verdächtigen Begehrens verwandelt sich durch das Zauberwort Hingabe in eine Heilsnotwendigkeit. 1983 wird der CIC neu formuliert. Offenbar ist die Liebe für das Kirchenrecht noch immer so wenig irrelevant wie für das staatliche Eherecht. Der erstgenannte Ehe-Zweck ist statt der Nachkommenschaft nun das »Wohl der Gatten«.

Diese Feststellungen mögen für Kenner der Kirchengeschichte banal sein, aber sie sind notwendig. Denn gerade die katholische Ehe wird gern unauflöslich verbunden mit Attributen wie »natürlich«, »schon immer« und »ewig«. Aber die Ehe hat sich gewandelt und die Kirche mit ihr. Das vermeintlich Ewige ist im Katholizismus ohnehin oft vorläufig, die Behauptung, das sei »schon immer so« gewesen eher taktisch als faktisch begründet. Ohne die Anpassung an die Gesellschaft hätte die sakramentale Ehe nicht zum Verkaufsschlager werden können; umgekehrt hätte sich ohne die kirchliche Zeremonie die zivile Ehe nicht verzuckern lassen.

Kirchliche und zivile Ehe haben einander wechselseitig beeinflusst: In der zivilen Ehe setzt sich im Laufe der Jahrtausende durch den Einfluss des Christentums die Monogamie gegenüber der Vielehe durch. Umgekehrt wirken sich gesellschaftliche und politische Kräfte auf die sakramentale Ehe aus.

Am besten erforscht ist die Entwicklung seit dem 19. Jahrhundert. Zum einen wird die Eheschließung in Deutschland Bestandteil eines bürgerlichen Gesetzbuches. Diese auf den ersten Blick kleinkariert wirkende Verrechtlichung bedeutet de facto eine Öffnung. Zuvor ist die Ehe ein Vermögenssicherungsprivileg des Adels, nun steht sie allen Bürgern zu. Es ist die »Ehe für alle« Stand 1900.

Doch Recht bedeutet damals nicht alles. Den Romantikern ist die Ehe als Fortpflanzungs-, Fürsorge- und Wirtschaftsunion zu wenig. Sie schwärmen von einer Gefühlsgemeinschaft, von Seelen im Gleichklang, von der Harmonie aus Leidenschaft und Vernunft. Die Ehefrau soll dem Mann alles sein: Gefährtin, Geliebte, Mutter, Köchin. Fast so multitaskingfähig wie heutige Supermoms, allerdings beschränkt aufs Inhäusige.

»Ich würde es für ein Märchen gehalten haben, dass es solche Freude gebe und solche Liebe, wie ich nun fühle, und eine solche Frau, die mir nun zugleich die zärtlichste Geliebte und die beste Gesellschaft wäre und auch eine vollkommene Freundin. In dir habe ich alles gefunden«, schwärmt Friedrich Schlegel in seinem Skandalroman »Lucinde«. Er preist das heilige Feuer der göttlichen Wollust.

Ein Kontinuum bleibt trotz aller Veränderung fast 2000 Jahre bestehen: die bestimmende Rolle des Mannes, die untergeordnete der Frau. Dieses Machtgefälle hat die Kirche nicht erfunden, aber verstärkt. Die christliche Ehe ist in ihrem Ursprung partnerschaftlich angelegt. Doch in der Geringschätzung des Weiblichen passt sich die Kirche dem Zeitgeist an und überhöht die Unterordnung der Frau schöpfungstheologisch. Was vorher bloß patriarchalisch-praktisch erscheint, schimmert im Kirchenkerzenlicht gottgewollt. Die Kirche verwandelt abgestandenes Wasser in Wein, bleibt aber hinter Jesus bei der Hochzeit zu Kana zurück.

Die Romantik verstärkt das Geschlechtergefälle. Die Liebe zur Natur wirkt auch hier. Die vorhandenen hierarchischen Verhältnisse werden neu begründet. Die Frau gehört ins Heim, der Mann in die Welt, so sehen die vermeintlich naturgegebenen Aufgaben aus. Mädchen träumen von der häuslichen Idylle, mit roten Wangen sticken sie Sinnsprüche in Tücher. Patriarchat macht gesund. Madame Bovary dagegen, die Treulose aus dem Skandal-Roman von Gustave Flaubert, endet totenbleich.

Die bürgerliche Ewigkeit reicht in Deutschland bis weit ins 20. Jahrhundert. Die vermeintlich gottgegebene und naturnahe Unterordnung der Frau unter den Mann übersteht den Nationalsozialismus. Kriegsbedingt verlassen Frauen das Heim kurzzeitig und ersetzen die Männer in der Produktion. Danach wird der Haushalt wieder das Reich der Gattin.

Der Bayerische Rundfunk reportiert 1957 aus einer Bräuteschule: »Wir betreten jetzt den wichtigsten Raum«, raunt die Reporterin: Es ist, nein nicht das Schlafzimmer, es ist die Küche. Eine junge Frau schaut nervös auf den Mixer, der Orangen mit Pudding verquirlt. In 14 Tagen werde sie heiraten, erzählt sie. Ihr Mann habe sie für die Bräuteschule angemeldet. Dass die Konsistenz einer Ehe von der Konsistenz der Orangenspeise abhängt, gilt als ausgemacht. Die Reporterin lacht jedenfalls unerschüttert.

Die Mittelschicht wächst im Wohlstand-für-alle-Deutschland – und damit der Abnehmerkreis für den Traum der perfekt pürierten Kleinfamilie. Bis heute ist er wirksam, auch wenn oder gerade weil er immer seltener gelebt wird. In der Kirche wird von der Liebe gesprochen, auf dem Standesamt nicht. Die Trauzeremonie am Altar erfüllt die Gefühlsdienstleistung, weder ein Amtsstubenschreibtisch noch ein Ja-Wort-Event im Leuchtturm können da mithalten.

Dass die kirchliche Ehe im wahrsten Sinne des Wortes das Zeug zum romantischen Erfolgsschlager hat, zeigt sich 1966, als ein Roy mit schwarzem Nachnamen »Ganz in Weiß« schnulzt. Die Älteren mögen sich erinnern: Kurz zuvor ist »I can't get no satisfaction« von den Rolling Stones auf den Markt gekommen. Die Nation träumt – Mick Jagger zum Trotz – damals in weltlichen Hitparaden von einem recht katholischen Zweisamkeits-Paradies.

In der zweiten Hälfte der 1960er gerät die häusliche Hierarchie ins Wanken. Die staatliche Gesetzgebung verabschiedet sich nach und nach von der Vorstellung des Haushaltsvorstands. Das Grundgesetz postuliert schon seit 1949 in Artikel 3, Absatz 2, die Gleichberechtigung von Mann und Frau. Ins Eherecht und erst recht in die Moral zieht dieser Gedanke erst allmählich ein. Zum Machtverhältnis im Bett urteilt der Bundesgerichtshof im November 1966 noch im Oberkommando-der-Wehrmacht-Ton: Die Ehe fordert von der Frau »eine Gewährung des Beischlafs in Opferbereitschaft und verbietet es, Gleichgültigkeit und Widerwillen zur Schau zu stellen«.

Die katholische Kirche schließt ungefähr zur gleichen Zeit in der Pastoralkonstitution »Gaudium et Spes« neben der Liebe auch die Gleichberechtigung ins Sakrament ein. Ein wenig umständlich, aber doch unmissverständlich stellen die Konzilsväter klar, dass dies auch für die »Akte« gilt, wie Sex auf Kirchendeutsch heißt: »Diese Liebe wird durch den eigentlichen Vollzug der Ehe in besonderer Weise ausgedrückt und verwirklicht. Jene Akte also, durch die die Eheleute innigst und lauter eins werden, sind von sittlicher Würde; sie bringen, wenn sie human vollzogen werden, jenes gegenseitige Übereignetsein zum Ausdruck und vertiefen es, durch das sich die Gatten gegenseitig in Freude und Dankbarkeit reich machen. Diese Liebe, die auf gegenseitige Treue gegründet und in besonderer Weise durch Christi Sakrament geheiligt ist, bedeutet unlösliche Treue, die in Glück und Unglück Leib und Seele umfasst und darum unvereinbar ist mit jedem Ehebruch und jeder Ehescheidung. Wenn wirklich durch die gegenseitige und bedingungslose Liebe die gleiche personale Würde sowohl der Frau wie des Mannes anerkannt wird, wird auch die vom Herrn bestätigte Einheit der Ehe deutlich.«

Die »gleiche personale Würde« bedeutet: Aus den Ehegatten werden Ehepartner. Ehe und Emanzipation scheinen miteinander vereinbar. Die Kirche ist hier deutlich optimistischer als die Welt. In kulturell tonangebenden Kreisen gerät die Ehe von den 1960er-Jahren an in den Verdacht, ein Gefängnis, wenn nicht gar die Keimzelle des Faschismus zu sein. Statt der Hochzeit »Ganz in Weiß« erscheint nun die Scheidung als Happy End. Die Zeitschrift »Emma« verkündet 1978 mit einer gewissen Genugtuung, dass drei von vier Scheidungsanträgen von Frauen eingereicht werden. Reportagen zum Thema lesen sich wie Schilderungen einer Gefangenenbefreiung: »In der Ehe habe ich nur funktioniert«, klagt Irma der Journalistin. »Befreiend war die Scheidung auch für mich«, pflichtet ihr Ina bei.

Mutter Kirche wird mit dem Zweiten Vatikanischen Konzil gewiss nicht zur älteren Schwester von Alice Schwarzer, aber sie beweist doch, dass sie in einem kurzen Moment der Geschichte klug genug ist, gesellschaftliche Entwicklungen aufstatt nur anzugreifen. Schafft sie das 2016 noch einmal?

Und er sah, dass es gut war: die Ehe im Alten Testament

Es ist nicht gut, dass der Mensch allein sei. Ein folgenreicher Satz. Adam und Eva sollten nicht zueinander sagen: Komm, lass uns Freunde bleiben. Sie sollten das erste, ja was eigentlich: Liebespaar, Ehepaar, Elternpaar? – der Menschheitsgeschichte werden.

Für die Theologie der Ehe spielen die beiden eine grundlegende Rolle. Gott führt Eva Adam zu, heißt es in der Einheitsübersetzung der Bibel. Der Mann solle Vater und Mutter verlassen und sich an seine Frau binden. »Sie werden ein Fleisch«, formuliert das Buch Genesis das Ideal. Jesus wird später darauf zurückkommen. Damit sind in wenigen Zeilen drei biblische Motive gesetzt, die bis heute das Sakramentenverständnis ausmachen: Die Ehe verbindet einen Mann mit einer Frau unauflöslich, sie sind bereit für Kinder, und Gott ist mit im Bunde.

Der Mensch steht am Ende der Schöpfungsgeschichte, und zugleich am Anfang eines eigenen Gründungsaktes. Der Mann soll sein Elternhaus verlassen, ein eigenes Haus beziehen und eine Frau zu sich nehmen in jeder Hinsicht. Patriarchat pur, scheint es. Aber modern ist der Gedanke, dass Familie nicht die Fortsetzung des Immer-Gleichen bedeutet wie in der Sippe. Eine Ehe verlangt, sich zu binden und sich zu lösen. Sie ist ein Neubeginn.

Über der Familie des Patriarchen Adam liegt zunächst ein Segen, dann ein Fluch. Die Geschichte von Kain und Abel, aber auch die Josefsgeschichte lassen arge Zweifel daran aufkommen, ob das im kirchlichen Jargon geläufige »Brüder« als freundliche Anrede taugt. Das Alte Testament bildet Familie so ab, wie wir sie bis heute erleben: als Verheißung und Verhängnis, als Fels in der Brandung und Stein des Anstoßes, als Naherholungsgebiet und Nahkampfzone. Familien sind stark und störanfällig zugleich, da ist das Alte Testament mehr der Wirklichkeit als dem Wunsch verpflichtet.

Die Evangelische Kirche in Deutschland (EKD) preist 2013 in ihrer Orientierungshilfe die »breite Vielfalt von Familienformen« im Alten Testament. Patchwork, Alleinerziehende, ungewollt Kinderlose, Geschiedene – alles schon einmal da gewesen. Biblischen Männern sind Haupt- und Nebenfrauen gestattet, auch eine Art Leihmutterschaft kommt vor. Erweist sich die Ehefrau als unfruchtbar, so bereitet sie dem Mann große Schande. Um die Blamage zu vermeiden, trägt dann die Magd die Kinder aus. Bei besonders auserwählten Paaren greift Gott selbst ein, wenn sie kinderlos bleiben. Abrahams Frau Sara wird durch diese Intervention im hohen Alter schwanger. Der gemeinsame Sohn Isaak zählt in der biblischen Hierarchie mehr als die Kinder, die Abraham mit Mägden zeugt. Ein besonderes, auserwähltes Paar soll mit eigenen Nachkommen gesegnet sein.

Was die Orientierungshilfe der EKD verschweigt: Nicht alles, was in der Bibel vorkommt, kommt auch gut weg. Toleranz lässt sich aus den göttlichen Interventionen nicht herauslesen. Deutlicher ist eine andere, strenge Botschaft: Wer mit Gott im Bunde ist, soll gerade nicht alles tun, was andere tun.

Die Ehe hat quantitativ keine herausgehobene Bedeutung im Alten Testament, qualitativ schon eher. Wenn sie überhaupt angesprochen wird, dann sind Anweisungen nicht weit, wie der Vermehrungsauftrag in gottgefälliger Weise zu erfüllen ist. Sittliche Distinktion ist ein Wesensmerkmal der Religion.

Die Ehe umweht in der Genesis und im Buch Exodus etwas Göttliches und zugleich etwas Gefährdetes. Die Beziehung zwischen Gott und den Menschen gleicht einer Ehe. In seiner glänzenden Analyse der Exodus-Erzählung zeigt der Altertumsforscher Jan Assmann, wie Mose die Religion durch das Treueversprechen revolutioniert. Die Treue gilt dem Einen. Dieser Bund mit Gott wird aus Liebe und aus freiem Willen geschlossen. Ist er aber einmal geknüpft, verhält sich Gott wie ein eifersüchtiger Ehemann. Er will den Bund unbedingt erhalten. Er ist treu, die Menschen hingegen schwanken in ihrer Zuneigung, sind launenhaft und undankbar. Im Buch Ezechiel zürnt Gott an die Adresse der Braut Jerusalem: »Du hast dich zu einer Dirne gemacht.« Ein rauer Ton gehört zum Ehe-Alltag. Ein zärtlicher allerdings auch. Gott liebt sein Volk, auch das schimmert immer wieder durch.

Der Ehe sind gleich mehrere der zehn Gebote gewidmet: »Du sollst nicht ehebrechen«, verfügt das sechste. Ein anderes präzisiert: »Du sollst nicht nach der Frau deines Nächsten verlangen, nach seinem Sklaven oder seiner Sklavin, seinem Hund oder seinem Esel noch nach irgendetwas, das deinem Nächsten gehört.« Das vierte Gebot »Du sollst Vater und Mutter ehren«

suggeriert so etwas wie Gleichberechtigung zwischen Mann und Frau. Allerdings zählte die Ehefrau wie selbstverständlich zum Guthaben ihres Mannes. Mose stürzt die Macht- und Besitzverhältnisse seiner Zeit nicht um, er regelt sie mit den Tafeln in der Hand nur anders als gewohnt.

Die Zehn Gebote markieren Grenzen. Sie sagen jedoch nichts darüber aus, wie zwei Menschen innerhalb dieser Grenzen miteinander auskommen sollen. Genau genommen legen sie nicht einmal fest, dass es nur zwei Menschen sein müssen. Auch Mose hat die Ehe nicht erfunden, auch er hat sie schon vorgefunden. Das in Stein Gemeißelte, vermeintlich von Gott direkt Hinuntergereichte enthält viel Zeitbedingtes – und nichts Konkretes über den riskanten Bereich zwischenmenschlicher Beziehungen.

Alfred Polgar, der spitzzüngige Wiener Kritiker, rezensiert den Dekalog Ende der 1920er-Jahre deshalb vernichtend. Er vermisst darin die »Hilfe für das Leben«: Die Gebote verböten »die elementaren Methoden zur Deckung unserer elementaren Bedürfnisse, ohne zu sagen, wie denn sonst wir diese befriedigen oder zum Schweigen bringen sollten. Sie verlöschen das Fürchterliche der Triebe und Instinkte, ohne ein anderes anzuzünden.« Als Polgar das schreibt, ist die katholische Kirche eine Alltagsautorität. Damals spricht das Kirchenvolk nicht von der Kluft zwischen dem Anspruch der Religion und der Lebenswirklichkeit – der Journalist aber benennt sie prophetisch. Trieb und Treue, Gefühl und Vernunft, Lust und Pflicht – das sind riskante Polarisierungen. Die Religion wagt sich in diese Risikogebiete mit dem Anspruch, Chaos in Ordnung zu verwandeln. Mehr noch: in eine moralisch gute Ordnung.

Die Triebe und Instinkte, vor denen sich Polgar fürchtet, sind im Alten Testament weder heilig noch verflucht. Sexualität ist schlicht unvermeidlich. Die Erotik wird hoch gepriesen; Brüste und andere weibliche Reize besingt das Hohe Lied der Liebe. Zugleich stehen Triebe im Verdacht, eine Konfliktquelle zu sein, deshalb wird das »Fürchterliche« durch Strafandrohungen gebändigt.

Im Bundesbuch lässt sich der Herr höchstselbst auf Details ein. Zum Thema Verführung einer Jungfrau verfügt er: »Wenn jemand ein noch nicht verlobtes Mädchen verführt und bei ihm schläft, dann soll er das Brautgeld zahlen und sie zur Frau nehmen. Weigert sich aber ihr Vater, sie ihm zu geben, dann hat er ihm so viel zu zahlen, wie der Brautpreis für eine Jungfrau beträgt.« Religion knüpft Sexualität an Verantwortung, auch für Männer. Unverbindlicher Sex schafft innere wie äußere Unordnung.

Das dritte Buch Mose ist berühmt-berüchtigt für seine strafrechtlichen Passagen. Vor allem die Sätze zur Homosexualität werden in evangelikalen und konservativ-katholischen Milieus gern zitiert, als habe es später nie eine theologische Relativierung gegeben. Zum Ehebruch heißt es in diesem Buch: »Ein Mann, der mit der Frau seines Nächsten die Ehe bricht, wird mit dem Tod bestraft, der Ehebrecher samt der Ehebrecherin.« Es macht allerdings einen Unterschied, ob es sich um die Haupt-Ehefrau oder eine Nebenfrau handelt. »Wohnt ein Mann einer Frau bei, die einem anderen Mann als Sklavin zur Nebenfrau bestimmt ist und die weder losgekauft noch freigelassen ist, dann soll der Fall untersucht werden, sterben soll sie nicht, da sie nicht freigelassen war.«

Ehebruch wird noch deutlicher als in den Zehn Geboten als Einbruch gedeutet, als Eigentumsdelikt, nicht als gebrochenes Treue-Versprechen, schon gar nicht als gebrochenes Herz. Der Mann vergreift sich am Besitz eines anderen Mannes. Sex mit der eigenen Sklavin bricht dagegen kein Gesetz, es gilt als Nutzung wegen Eigenbedarfs.

Die Gesetzesreligion regelt die Rahmenbedingungen des Ehelebens, sie unterscheidet Erwünschtes von Unerwünschtem, Gottgefälliges von Verwerflichem. Die Hochzeit selbst ist kein religiöser Akt. Detailliert werden etwa im dritten und fünften Buch Mose Priesterweihen beschrieben, eine Vorgabe für eine religiöse Hochzeitszeremonie fehlt. Ihre Gestaltung entspricht den Sitten der Zeit. So viel Welt muss sein.

Wichtiger als die Zeremonie ist der Weg in die Ehe. Isaak, der Sohn Abrahams, wird besonders ausführlich begleitet: Abraham beauftragt seinen Knecht, eine Frau für seinen ältesten Sohn Isaak auszusuchen. Er solle sich in der Verwandtschaft umschauen. Der Knecht macht einen interessanten Einwand. Er fragt: Was soll ich tun, wenn die Frau nicht folgen will? So bist du frei von diesem Schwur, entgegnet ihm Abraham.

Junge Männer und Frauen haben zu jener Zeit nicht die freie Auswahl. Die Eltern sortieren vor. Aber zwingen will Vater Abraham die Braut nicht. Der Knecht findet ein Mädchen namens Rebekka. Sie ist bereit, ihm in die Fremde zu folgen und sich den für sie Auserwählten anzuschauen. Die Szene, in der sie Isaak zum ersten Mal begegnet, wird filmreif beschrieben, inklusive Happy End. »Eines Tages ging Isaak gegen Abend hinaus, um sich auf dem Feld zu beschäftigen. Als er aufblickte, sah er: Kamele kamen daher. Auch Rebekka blickte auf und sah Isaak. Sie ließ sich vom Kamel herunter und fragte den Knecht: Wer ist der Mann dort, der uns auf dem Feld entgegenkommt? Der Knecht erwiderte: Das ist mein Herr. Da nahm sie den Schleier und verhüllte sich.« Gerade der Schleier und nicht der tiefe Blick in die Augen signalisiert: Es ist etwas Ernstes. Isaak führt Rebekka in das Zelt seiner Mutter Sara.

Anschließend nimmt er Rebekka zu sich, wie es genesis-gleich heißt. »Er gewann sie lieb«, bemerkt die Bibel ausdrücklich. Die Liebe folgt der Eheschließung, nicht umgekehrt.

Eine Ehe sieht in dieser Szene einerseits wie eine private Entscheidung aus. Gegen den Willen der Betroffenen wird sie jedenfalls nicht geschlossen. Andererseits ist eine Ehe ein öffentlicher Akt. Dafür braucht es kein großes Publikum bei einer Feier, aber Autoritäten müssen anwesend sein, wie hier die Mutter Isaaks. Ein bloßes Zusammenleben oder ein Schwur des Paares in einer stillen Kammer reichen nicht aus. Erkennbar ist wieder die Distinktion: Eine gute Ehe braucht anscheinend doch mehr als Güter. Sie braucht den guten Willen der Beteiligten. Und sie sollte von Mann und Frau als hohes Gut empfunden werden. Wer sich bindet, gewinnt Liebe dazu – auch davon erzählt die Geschichte von Isaak und Rebekka.

Eine Ehe hat im Alten Testament einen von Augenzeugen dokumentierten Anfangspunkt – und ein dokumentiertes Ende ist möglich. Das Buch Deuteronomium klärt in einem langen Satz, wie eine richtige Trennung aussieht: »Wenn ein Mann eine Frau geheiratet hat und ihr Ehemann geworden ist, sie ihm dann aber nicht gefällt, weil er an ihr etwas Anstößiges entdeckt, wenn er ihr dann eine Scheidungsurkunde ausstellt, sie ihr übergibt und sie aus seinem Haus fortschickt, wenn sie sein Haus dann verlässt, hingeht und die Frau eines anderen Mannes wird, wenn auch der andere Mann sie nicht mehr liebt, ihr eine Scheidungsurkunde ausstellt, sie ihr übergibt und sie aus seinem Haus fortschickt, … dann darf sie ihr erster Mann, der sie fortgeschickt hat, nicht wieder heiraten …«

Der Mann hat das Recht, die Ehe zu beenden, die Frau nicht. Die Schwelle liegt niedrig, ein Nicht-Gefallen reicht. Was »etwas Anstößiges« genau meint, ist umstritten. Möglicherweise eine sexuelle Verfehlung der Frau, möglicherweise etwas körperlich Entstellendes, das sie dem Mann vor der ersten Nacht vorenthalten hat. Jesus wird später von den Pharisäern auf diese Praxis mit den Scheidungsurkunden oder Scheidebriefen angesprochen. Er wird sagen, Mose habe die Scheidung erlaubt, weil die Herzen der Männer zu seiner Zeit so hart waren. Versöhnung oder zumindest Einander-Ertragen sollte offenbar die Regel sein, Scheidung die Ausnahme.

Hier zeigt sich wieder der Grundgedanke des feinen Unterschieds: Mose arrangiert sich damit, dass die Ehe doch nicht eins zu eins dem unaufkündbaren Bund Gottes mit den Menschen entspricht; er hält die gängige Praxis aber nicht für gut. Vom auserwählten Volk darf Gott mehr verlangen als das Übliche.

Die Scheidebriefe schützen Frauen nicht vor Willkür, nur vor allzu impulsiven Entscheidungen. Der Mann muss sich wenigstens die Bedenkzeit nehmen, um das Schriftstück zu verfassen. Mit diesem Papier ist die Geschiedene frei. Aus damaliger Perspektive bedeutet Ungebundenheit allerdings eher Not als Selbstbestimmtheit. Für Frauen ist es kaum möglich, ohne Mann und, gerade im Alter, ohne Kinder materiell zu überleben. Ein Scheidebrief erlaubt eine neue Ehe. Er lässt Frauen so frei sein, den Besitzer zu wechseln.

Treue ist im Alten Testament ein hoher Wert. Wenn der Bund Gottes mit Israel beschrieben wird, liegt das Untreuerisiko selbstverständlich bei der »Braut«, nicht bei Gott, dem Herrn. Seine Priester maßregelt Gott im Buch Maleachi, als seien sie untreue Ehemänner. Der Herr nehme ihre Opfergaben nicht an, weil er Zeuge war »zwischen dir und der Frau deiner Jugend, an der du treulos gehandelt hast, obwohl sie deine Gefährtin ist, die Frau, mit der du einen Bund geschlossen hast. Hat er nicht eine Einheit erschaffen, ein lebendiges Wesen? … Nehmt euch also um eures Lebens willen in Acht. Handle nicht treulos an der Frau deiner Jugend. Wenn einer seine Frau aus Abneigung verstößt, dann befleckt er sich mit einer Gewalttat.« Andere, interessengeleitete Übersetzungen des letzten Satzes lauten: »Ich hasse Scheidungen.«

Der Herr verachtet demnach Männer, die ihre Frau für eine Jüngere verlassen. Doch gilt das nur in diesem übertragenen Sinne im Bund zwischen Gott und den Israeliten oder gilt das auch für den Bund zwischen Mann und Frau?

Gott hasst angeblich Scheidungen, aber Mose hat sich um die ordnungsgemäße Aus- und Zustellung von Scheidebriefen bemüht. Das ist einer der Widersprüche, die nicht aufgelöst sind. Wer diesen Teil der Bibel interpretiert, kommt auf viele Gedanken: dass Ehen ebenso praktisch wie problematisch sind. Dass liebevolle Ehen möglich sind. Dass sich Gottesfürchtige sichtbar sittlicher verhalten sollten als andere. Aber dass eine Ehe für immer gehalten hat? Das gibt der Alte Bund nicht her.

Selig sind die Verheirateten? Die Ehe im Neuen Testament

Jesus geht als kinderloser Single in die Heilige Schrift ein. Er wird nie Vater, er bleibt Sohn. Er hat Nachfolger, aber keine Nachkommen. Das Christentum basiert auf Seelenverwandtschaft, nicht auf Blutsverwandtschaft. Es ist weder Clanwirtschaft noch Schicksalsgemeinschaft. Es verlangt eine Entscheidung.

Jesu Verhältnis zur Familie ist ambivalent, stellenweise sogar feindlich. Seine Familie – später die Heilige genannt – ist keineswegs perfekt. Die Mutter wird vor der Ehe schwanger, der Ehemann der Mutter ist nicht der leibliche Vater des Kindes. Ob Maria in der Zimmerei ihres Mannes Josef mitarbeitet oder sich ganz der Erziehung des Sohnes widmet, bleibt ungeklärt. Überliefert ist, dass sich der Junge im Alter von zwölf Jahren der elterlichen Kontrolle entzieht, um im Tempel, dem »Hause seines Vaters«, zu sein. Sein sozialer Vater Josef mag solche Worte als undankbar empfunden haben. Wir wissen nicht, ob er seine schwierige Rolle ohne Murren angenommen hat, idealistische Josefsdarstellungen zeigen ihn als duldsamen – und keuschen – Mann an Marias Seite. Eine Ausnahmeerscheinung. Gegenüber seiner Mutter schlägt der junge Jesus einen Ton an, der heutige Erziehungsberechtigte ans Ratgeberregal oder in pädagogische Coachings treiben würde. Die Eltern machen sich Sorgen, als Jesus nicht nach Hause kommt. Von Angst spricht Maria, nachdem sie den Sohn drei Tage gesucht haben. Er entgegnet patzig statt empathisch: Was soll die Frage? Wo ich bin, hättet ihr euch denken können; ihr wisst doch, wer ich bin.

Zu Familienbanden hat sich der erwachsene Jesus einige Male abschätzig geäußert. Lukas berichtet, wie eine Frau Jesus zuruft: »Selig der Leib, der dich getragen und die Brüste, an denen du gesogen hast.« Jesus preist daraufhin nicht die Mutter selig. Er sagt: »Selig sind vielmehr die, die das Wort Gottes hören und es befolgen.« Laut Matthäus wird er noch deutlicher: »Wer Vater und Mutter mehr liebt als mich, ist meiner nicht würdig. Und wer Sohn oder Tochter mehr liebt als mich, ist meiner nicht würdig.«

Ehe und Familie haben es im Laufe der Kirchengeschichte zu einem Heiligenscheinstatus gebracht. Aber »Selig sind die Verheirateten«, sagt Jesus inmitten seiner Seligpreisungen nicht. Ein Gleichnis über ein gerechtes, barmherziges, liebendes Ehepaar? Fehlanzeige. Es gibt in seinen Worten keine Hinweise auf die jenseitige Prämierung einer Zweier-Lebensform. Die Erlösung wird laut Bergpredigt nicht paarweise erteilt. Selig sind die Armen, die Trauernden, die Friedfertigen, die Barmherzigen, die Gerechten. Der Familienstand sichert nicht den himmlischen Stand.

Unseliges weiß Jesus von Verheirateten zu berichten. Männer gehen fremd, stellen willkürlich Scheidebriefe aus, entziehen sich jeder Verantwortung. Anstatt die Ehe zu preisen, geht er in der Bergpredigt ex negativo auf sie ein: »Wer eine Frau auch nur lüstern ansieht, hat in seinem Herzen schon Ehebruch begangen«, sagt er und ist damit strenger als die Schriftausleger seiner Zeit. Dezidiert anders als Mose äußert er sich zu den Scheidebriefen: »Ich aber sage euch: Wer seine Frau entlässt, obwohl kein Fall von Unzucht vorliegt, liefert sie dem Ehebruch aus; und wer eine heiratet, die aus der Ehe entlassen worden ist, begeht Ehebruch.« Das ist mehr als ein feiner Unterschied zu den Sitten und Gebräuchen seiner Zeit. Das ist radikal anders. Es heißt: Nicht alles, was erlaubt ist, ist gut. Ich aber sage euch, was gut ist.

Sünde, Reue, Vergebung, Umkehr, das ist der Weg, den er jedem Sünder ans Herz legt, auch der Ehebrecherin, die sich an ihn wendet. Geh hin und sündige nicht mehr – einen konkreteren Hinweis hätte sich eine Frau in dieser Situation vielleicht gewünscht. Doch Jesus behandelt die Ehebrecherin nicht anders als andere Sünder. Gerade darin liegt die Provokation für eine steinigungsbereite Gesellschaft. Auch das ist radikal anders. Nicht alles, was streng ist, ist gut.

Jesus betätigt sich weder als Ehestifter noch als Therapeut. Zehn Gebote für eine gottgefällige Ehe? Die verschweigt er. Ob er Braut und Bräutigam auf der Hochzeit zu Kana seine eigenen Eltern als Traumpaar ans Herz gelegt hat? Auch darüber gibt es keine Erkenntnisse. Platte Eheanbahnung verweigert Jesus ebenso wie gnadenlos positives Denken.

Was von Jesu Worten in der Überlieferung übrig bleibt, fällt auf den ersten Blick eher durch Schreck- als durch Leitbilder auf. Über die Ehe zu sprechen, ohne den Bruch zu thematisieren – das ist für ihn so unmöglich wie für Hammurabi. Warnungen sind vor großem Publikum wichtiger als Ermutigungen: zwischen den »lüsternen Blicken« und dem »Leib in der Hölle« liegen in der Bergpredigt nur wenige Sätze.

Der zweite Bibelblick offenbart sehr wohl eine andere Seite: In seinem Gespräch mit den Pharisäern kommt deutlicher zum Vorschein, worum es in der Ehe wirklich geht. Ausgerechnet die Schriftgelehrten wollen von Jesus wissen, ob man eine Frau aus »jedem beliebigen Grund« aus der Ehe entlassen könne. Hatten sie ein »Klar doch, ein versalzenes Essen reicht schon« als Antwort erwartet? Jesus verweigert ihnen eine – pharisäerhafte – Auflistung sämtlicher Gründe, die eine Scheidung rechtfertigen. Er meidet das Laissez-faire ebenso wie die Spitzfindigkeit. Er schlägt in seiner Antwort den ganz großen Bogen und beginnt mit der Erinnerung an den Anfang, an die Schöpfungsgeschichte. Nicht mehr zwei, sondern eins sollten Adam und Eva sein. Dann fällt jener Satz, der unzählige theologische wie lehramtliche Sätze nach sich zieht: »Was aber Gott verbunden hat, das soll der Mensch nicht trennen.«

Die Pharisäer bleiben unbeeindruckt, sie haken nach. Sie wollen prüfen, ob Jesus den Bogen überspannt und das Gesetz des Mose verrät. Sie fragen, ob Mose denn unrecht hatte, als er Scheidebriefe erlaubte. Jesus nimmt Mose in Schutz: An der Hartherzigkeit der Menschen sei er gescheitert, sie hätten ihm diesen Kompromiss in Form der Scheidebriefe aufgenötigt. Er selbst gibt sich kompromisslos: Ehebruch bleibt Ehebruch, sagt er, und kein Papier könne darüber hinwegtäuschen. Nur wenn eine Unzucht der Frau vorliege, so heißt es in der Überlieferung nach Matthäus, mache sich der Mann nicht der Hartherzigkeit schuldig. In allen anderen Fällen schon. Bei Lukas wird Jesus noch kategorischer zitiert: »Wer seine Frau aus der Ehe entlässt und eine andere heiratet, begeht Ehebruch; auch wer eine andere Frau heiratet, die von ihrem Mann aus der Ehe entlassen worden ist, begeht Ehebruch.«

Die Härte wider die männliche Hartherzigkeit irritiert die Jünger: »Wenn das die Stellung des Mannes in der Ehe ist, dann ist es nicht gut zu heiraten«, merken sie an. Sie sehen die Ehe wie ihre Zeitgenossen unter praktischen Gesichtspunkten, da sind sie ganz Mainstream. Ein Mann ist daran gewöhnt, über die Frau und über das Ende der Ehe zu bestimmen. Jesus legt diese Entscheidung nun in andere Hände. Gott verbindet, Gott trennt. Das entmachtet, das entmannt.

In der jüngsten Debatte um wiederverheiratete Geschiedene entzünden sich an dieser Stelle aus dem Matthäus-Evangelium die meisten Kontroversen. Beim Wort genommen, hat Jesus klar ein Scheidungsverbot ausgesprochen.

Im historischen Kontext betrachtet rückt allerdings etwas anderes in den Vordergrund: Jesus ermahnt Männer zur Demut und schützt Frauen vor der Demütigung. Er entwirft so etwas wie ein neues Modell der Partnerschaft. Das ist zu seinen Lebzeiten unerhört und wird später gern überhört. Ehe als bloßes Geschäftsverhältnis, die Frau als austauschbares Gut, das mit einem Papier den Besitzer wechseln kann – das soll ein Ende haben. Die Jünger reagieren verstört, denn Jesus definiert den Sinn der Ehe anders, als sie ihn kennen. Eine Ehe soll zwei Menschen verbinden, die einander gefunden haben, die einander achten, die einander brauchen, die aneinander wachsen. Wer diese Bereitschaft nicht mitbringt, soll es lassen, sagt Jesus sinngemäß. Wörtlich: »Manche sind von Geburt an zur Ehe unfähig, manche sind von den Menschen dazu gemacht und manche haben sich selbst dazu gemacht – um des Himmelreichs willen. Wer das erfassen kann, der erfasse es.«

Die Ehe – ein exklusiver Klub. So kann man es sehen. Oder

genau umgekehrt: als Öffnung der Ehe für alle, die sich dazu berufen fühlen. Die Eignung dazu hängt nicht vom Vermögen ab, auch nicht von der Entscheidung der Sippe, sie ist eine Frage des freien Willens und des befreienden Gottvertrauens.

Schluss mit der reinen Zweckbeziehung! Diesen Pfeil schießt Jesus ab, nachdem er den Bogen von der Schöpfung bis zur Berufung gespannt hat. Menschen sind keine Waren, sie sind zu Höherem fähig als zum stumpfen Dasein zwischen Broterwerb und Triebabfuhr. Sie haben Besseres verdient, wissen es nur noch nicht. Im Zusammenhang gedeutet, ist die einschlägige und meist sehr reduziert zitierte Stelle vor allem eine Ermutigung zum Menschsein und nicht primär eine Warnung vor der Scheidung. Eine plumpe Jesus-hat-die-Scheidung-verboten-da-können-wir-nichts-machen-Argumentation verabsolutiert die Grenze, ohne zu fragen, was und vor allem wen diese Grenze eigentlich schützen soll. Ausgerechnet Joseph Ratzinger distanziert sich in einem Aufsatz von einer Theologie, die aus einzelnen Jesus-Sätzen Gesetze ableitet: »Da Jesus hinter die Ebene des Gesetzes zurückgreift auf den Ursprung, darf sein Wort selbst nicht wieder unmittelbar und ohne Weiteres als Gesetz angesehen werden.« Das schreibt er 1969.

Wie die Jünger auf die gesamte Antwort spontan reagiert haben, ist nicht überliefert. Aus der Apostelgeschichte lässt sich aber herauslesen, dass der Neue Bund und auch die Neudefinition des Ehebundes im Alltag Probleme aufwerfen. Paulus sieht sich gezwungen, seinen Adressaten das zu geben, was Jesus verweigert hat: engmaschige Handlungsanweisungen, abgestimmt auf verschiedene Lebenslagen. Eine der großen Fragen der frühen Christen lautet: Ist ein keusches Leben der Ehe überlegen?

Enthaltsamkeit ist im frühen Christentum ein hohes Gut. Aber tut es dem Mann gut, keine Frau zu berühren? Dazu schreibt Paulus im Ersten Korintherbrief wie ein Ratgeberkolumnist: »Wegen der Gefahr der Unzucht soll aber jeder seine Frau haben und jede soll ihren Mann haben. Der Mann soll seine Pflicht gegenüber der Frau erfüllen und ebenso die Frau gegenüber dem Mann. Nicht die Frau verfügt über ihren Leib, sondern der Mann. Ebenso verfügt nicht der Mann über seinen Leib, sondern die Frau. Entzieht euch einander nicht, außer im gegenseitigen Einverständnis und nur eine Zeit lang, um für das Gebet frei zu sein. Dann kommt wieder zusammen, damit euch der Satan nicht in Versuchung führt.« Eheprobleme sind offenbar häufig Sexprobleme. Das Christentum übt einen solchen Reiz aus, dass Verheiratete darüber nachdenken, wie Jesus selbst, zölibatär zu leben. Ihnen rät Paulus recht pragmatisch, es mit der Keuschheit in der Ehe um Gottes willen nicht zu übertreiben.

Sexualität ist innerhalb der Ehe Pflicht, außerhalb der Ehe Betrug. Die Ehe schützt vor Unzucht. Die schmutzige Welt mit ihren Dirnen und lüsternen Männerblicken bleibt vor der Haustür, wenn das Paar die richtige Dosis Leiblichkeit findet. »Ich wünschte, alle Menschen wären unverheiratet wie ich«, seufzt Paulus. Aber da nicht jedem diese Gnade gegeben ist, muss die Ehe als Konzession an die menschliche Schwäche hingenommen werden.

Zum Thema Scheidung schreibt der Eheberater wider Willen: »Den Verheirateten gebiete nicht ich, sondern der Herr: Die Frau soll sich vom Mann nicht trennen – wenn sie sich aber trennt, so bleibe sie unverheiratet oder versöhne sich wieder mit dem Mann – und der Mann darf die Frau nicht verstoßen.«

Paulus wird oft als Kronzeuge herbeizitiert, um das Verbot einer zweiten Ehe zu begründen. Er nennt nur eine akzeptable Ausnahme vom Scheidungsverbot: Wenn einer der Partner kein Christ ist, dann könne die Ehe nicht in Gottes Geist geführt werden.

Wie Jesus beschränkt sich Paulus dann doch nicht nur auf den Warnmodus. Auch er ringt sich bei aller Liebe zum Zölibat zu einer Wertschätzung von Treue und Zweisamkeit durch. Berüchtigt ist seine Ermahnung an die Frauen, sich ihren Männern unterzuordnen. Liest man die Stelle aus dem Epheserbrief ganz, lässt sich eher fragen: Warum erwähnt er eine solche Banalität überhaupt, die Unterordnung des »Weibes« war doch der Geist der Zeit? Womöglich sind die Christinnen aufmüpfig geworden, und die Jünger hatten recht mit ihrer Angst, dass Jesu Eheverständnis ihnen mehr abverlangt als den Frauen. Paulus setzt einem emanzipatorischen Eifer Grenzen, der Männerherrschaft durch Frauenherrschaft ersetzen will. Den Männern mutet er jedoch mehr zu; sie sollen sogar ertragen, wenn ihre Frauen alt, faltig und unfruchtbar werden: »Ihr Männer, liebt eure Frauen, wie auch Christus die Gemeinde geliebt hat und hat sich selbst für sie dahingegeben, um sie zu heiligen. Er hat sie gereinigt durch das Wasserbad im Wort, damit er sie vor sich stelle als eine Gemeinde, die herrlich sei und keinen Flecken oder Runzel oder etwas dergleichen habe, sondern die heilig und untadelig sei. So sollen auch die Männer ihre Frauen lieben wie ihren eigenen Leib. Wer seine Frau liebt, der liebt sich selbst.«

Er schreibt dagegen an, dass Frauen ausgebeutet und ausgemustert werden, wenn ihr erotischer Appeal oder ihre Arbeitskraft nachlässt. Liebe in der Ehe ist damals so schwer vorstellbar, dass sie ausdrücklich und in Briefform eingefordert werden muss.

Auch hier stellt sich wie bei Jesus die Frage: Was ist zeitbedingt? Was ewig? Offenbar sieht Paulus die Ehe sowohl als

Unzuchtvermeidungs- als auch als Liebesgemeinschaft. Treue ist wesentlich, Treue zum Partner ist Treue zu Gott. Von Kindern als Sexzweck schreibt er nicht. »Eine Überhöhung der heterosexuellen Ehe als göttliche Schöpfungsordnung ist im Anschluss an Paulus nicht möglich. Die Ehe ist eine gute Gabe Gottes, sie ist aber keinesfalls eine alternativlose Lebensform«, merkt Isolde Karle an. Dass Paulus die Homo-Ehe gutgeheißen hätte, lässt sich aus den Textstellen allerdings nicht schließen.

Das Christentum verlangt viel: Nächstenliebe, Barmherzigkeit, Demut, Gottesfurcht, Umkehrwille, Versöhnungsbereitschaft. Die Ansprüche richten sich an alle gleichermaßen: an Verheiratete wie an Unverheiratete, an Frauen wie an Männer. Diese Unterschiedslosigkeit im feinen Unterschied des Religiösen ist das Besondere am Christentum. Weder Geschlecht noch Familienstand machen die Differenz zwischen christlichem und nicht christlichem Leben aus; entscheidend – unterscheidend – ist der Wunsch, diesem Jesus nachzufolgen. Das Christentum verändert den Menschen, es verändert das Zusammenleben und damit verändert es die Ehe. In dieser Reihenfolge. Die Ehe ist wichtig, aber nicht die Keimzelle des Christentums. Auch deshalb macht Paulus, gemessen an seinem Gesamtbriefbestand, wenig Worte darüber.

Die Kirche dafür später umso mehr.

Der Kirchenvater entlässt seine Kinder

Die Ehe ist, glaubt man Paulus, ein Zugeständnis an die Schwäche des Menschen. Sie ist als Übergangserscheinung hinnehmbar. Doch das Gottesreich kommt nicht so schnell wie erhofft. Schon den Bischöfen der frühen Kirche schwant, dass der Mensch – vor allem der Mann – für eine christliche Ehe auf Dauer ganz schön stark sein muss. Die Synode von Elvira regelt um das Jahr 300 umfänglich, wer mit wem Geschlechtsverkehr haben darf und wer nicht. Ehebruch und Unzucht lauern überall, auch an vermeintlich keuschen Orten. Genüsslich erinnert der Althistoriker Manfred Clauss in seiner stellenweise von Spott durchsetzten Geschichte des frühen Christentums an die Warnung vor Friedhöfen. Genauer: vor Frauen, die dort »vorgeben zu beten«. Sie könnten Prostituierte sein.

Die Ehe wird zum Distinktionsmerkmal zwischen Gläubigen und »Heiden«. Die christlichen Eheleute streben nach so viel Keuschheit wie möglich. Die Männer sollen ihre Lust hinnehmen, aber nicht anstreben. Weibliche Lust ist ohnehin nicht vorgesehen. »Denn wie der Bauer, der die Saat der Erde anvertraut hat, den Tag der Ernte abwartet, ohne neue Samen auszustreuen, so hat auch bei uns die Begierde ihr Ziel in der Kinderzeugung«, schreibt der Apologet Athenagoras im zweiten Jahrhundert. Zeugung folgt der Begierde, Empfängnis nicht.

Wenn Getaufte heiraten, dann haben sie einander treu zu sein bis zum Tod – und darüber hinaus. »Die vorherrschende Tendenz eines klaren Verbots von Ehescheidung und Wiederheirat war in den ersten Jahrhunderten so ausgeprägt, dass es unter Christen sogar als Problem galt, wenn verwitwete Ehepartner wieder heirateten«, bilanziert der Moraltheologe Eberhard Schockenhoff.

Nimmt man die Jesusworte vom einen Fleisch, könnte Ehe Erfüllung bedeuten. In den ersten Jahrhunderten wird die christliche Ehe jedoch eine Entsagungsgemeinschaft. Eins und eins – das macht weniger als zwei.

Damals dürfte sich eine Kluft zwischen Wollen und Sein aufgetan haben. Anders ist der argumentative Aufwand um die richtige Dosis Sex nicht zu erklären. Die Balance aus Keuschheit und Fortpflanzungsanstrengung wird zum Identitätsmerkmal der Ehe. Am bekanntesten und wirkungsvollsten sind dazu die Überlegungen des später heiliggesprochenen Augustinus. Der Bischof mit Playboy-Vergangenheit, Jahrgang 354, ist eine der schillerndsten Figuren der Kirchengeschichte. Er hat viele Fäden geknüpft, um Ehe- und Sexualmoral unauflöslich miteinander zu verbinden. Vor allem in den »Confessiones« kehrt er sein Innen- ja sein Intimleben nach außen. Er weiß, wovon er spricht, wenn er schreibt: »Das Gut der Ehe ist somit nicht die Glut der Begierde, sondern sozusagen die erlaubte und ehrbare Weise des Gebrauches dieser Glut, um Kinder zu zeugen, nicht um die Wollust zu stillen. Dieser Wille, nicht jene Lust gehört zum Wesen der Ehe.« Die Glut, die Wollust, die Begierde – all das kennt er; mit dem Bekenntnis zum Christentum kommt die Keuschheit in sein Leben. Dass Gott dem Menschen ein Triebleben mitgegeben hat, kann sich Augustinus nur mit der Erbsünde erklären. Sexualität ist nur entschuldbar, wenn man sie »von unerlaubter Verderbnis abhält und allein zur geordneten Fortpflanzung des Menschengeschlechtes zulässt«.

Augustinus ist ein grundsätzlicher Denker. Was ist gut? Was ist böse? Von diesen Leitfragen ist sein Werk durchzogen. Weil er den Teufel im Detail vermutet und weil er die Details aus eigener Erfahrung kennt, lässt er keine Eventualität unbedacht. Exemplarisch sei hier aus seiner Moralschrift »De Bono Coniugali«, über die Ehe also, ausführlicher zitiert: »Nun ist aber in einer guten Ehegemeinschaft, selbst wenn sie viele Jahre besteht und die Lebensglut zwischen Mann und Frau erloschen ist, die Ordnung der Liebe zwischen Gatte und Gattin noch lebenskräftig. Je mehr die Ehegatten darum sittlich gereift sind, desto früher beginnt der gegenseitige Entschluss, sich der fleischlichen Einigung zu enthalten. Er entspringt nicht einem späten Zwang, weil sie nicht mehr tun könnten, was sie beabsichtigten, sondern einer frühzeitigen löblichen Haltung, weil sie nicht mehr beabsichtigen, was sie noch tun könnten. Wenn also von jedem der beiden Geschlechter das Versprechen bewahrt wird, sich zu ehren und die gegenseitigen Verpflichtungen zu beobachten, dann dauert die Keuschheit der in heiliger Ordnung Vermählten fort, und zwar umso reiner, je größere Bewährung sie hat, und umso gesicherter, je mehr sie an Milde besitzt. Dies gilt auch dann, wenn die Geschlechtsglieder beider erschlafft und fast abgestorben sind.«

Lob verdient, wer nach erfolgter Vermehrung enthaltsam lebt. Sittlichkeit bedeutet Verzicht. Interessant ist der Gestus, mit dem Augustinus seine Thesen vorträgt: Er schlägt sie den

Christen nicht einfach um die Ohren, er argumentiert, er sucht Herleitungen, er spannt den großen Bogen von Adam und Eva bis in seine Gegenwart. Wer eine Ordnung verordnen will, muss seine Gedanken gut sortieren. Das Christentum muss überzeugen. Das ist die freundliche Lesart. Die unfreundliche: Augustinus bringt Sexualität in Misskredit, sogar die innereheliche. Von dieser Rangordnung hat sich die katholische Moral bis heute nicht erholt.

Maßgeblich für die Deutung des späteren Sakraments Ehe ist Augustinus' Lehre vom Eheband. Diese besagt, dass Gott Ehemann und Ehefrau unauflöslich verbunden hat. Es liegt nicht in der Hand des Menschen, dieses Band durchzuschneiden oder zu zerstören. Eine Trennung dehnt das Band, aber es reißt nicht. Schon damals überzeugt das nicht jeden. Ein Rivale stellt Augustinus mit einem Gedankenexperiment auf die Probe: Wie wäre es denn, die Gattin, derer man überdrüssig ist, umzubringen? Nach einer Phase von Reue, Buße und Vergebung könne der Mörder das tun, was ihm als Bloß-Getrennter verwehrt bleibt: erneut heiraten. Augustinus hält zwar Ehebruch für weniger kapital als Mord, allerdings wendet er ein, dass eine zweite Ehe ein Dauerzustand der Sünde sei im Gegensatz zu einer einzelnen Tat. Vergebung für einen Zustand permanenter Verirrung kann es nicht geben. Der spätere Ausschluss Wiederverheirateter von den Sakramenten – auch vom Bußsakrament – liegt hier begründet. Einen Weg zur zweiten Ehe außer Mord sieht Augustinus schließlich doch: das rein geschwisterliche Zusammenleben, also die Keuschheit in der Ehe. Dann bleibt das Eheband unberührt. Erst der Sex setzt die Schere an.

Diese Gedanken sind mehr als 1600 Jahre alt, doch sie prägen nach wie vor das Verständnis von der Ehe als Sakrament.

Der Passauer Bischof Stefan Oster, einer der jüngsten im deutschen Episkopat, hat die Augustinische Vorstellung von der Josefsehe im vergangenen Jahr in einem Text auf facebook wieder in die aktuelle Debatte gebracht. Augustinus selbst ist facebook-kompatibel, seine Texte gibt es als App. In der Lehre wirkt er als Schöpfer der ehelichen Dreifaltigkeit aus Kindern, Treue und Unauflöslichkeit weiter.

»Bonum prolis«, *»bonum fidei«* und *»bonum sacramenti«*. Diese drei Güter – und alles wird gut. Die Theologin Uta Ranke-Heinemann bezichtigt Augustinus, eine verhängnisvolle »Eheverkehrs-Entschuldigungstheorie« aufgebaut zu haben. Sie hat ihre Lehrerlaubnis verloren, nicht wegen Augustinus, sondern wegen ihrer Zweifel an der Jungfrauengeburt. Ihr Bestseller »Eunuchen für das Himmelreich« wird in den 1990er-Jahren breit gesellschaftlich diskutiert. Gut 25 Jahre später interessiert es die Öffentlichkeit kaum, wie die Kirche zu ihrer Lehre kommt und was sich ändern könnte. Schwer vorstellbar, dass ein kritisches Buch über die katholische Sexualmoral noch einmal zum Verkaufserfolg wird. Die Vorschriften für den rechtmäßigen Gebrauch des Unterleibs werden eher als Katholen-Skurrilität wahrgenommen denn als ernst zu nehmende Ehe-Ordnung. Allen einschlägigen Umfragen zufolge halten die Katholiken in Deutschland entweder nichts von der Lehre oder sie halten sich nicht daran. Der Kirchenvater musste seine Kinder längst entlassen.

Es ist leicht, sich mit dem Abstand der Abgeklärtheit über Augustinus lustig zu machen. Auf seine Bekenntnisse trifft aber ausnahmsweise das Attribut authentisch zu. Sie sind eine authentische Inszenierung. Augustinus stellt sich der Sexualität. Er versteckt sich nicht hinter dem abstrakten »Man muss« oder »Du sollst«. Er ruft: »Ich habe es erlebt.« Er weiß, wovon er schreibt. Das hat er vielen Päpsten voraus.

Himmel! Herrgott!! Sakrament!!!

Wie genau sich Christen im ersten Jahrtausend an die Vorgaben des heiligen Augustinus gehalten haben, weiß nur Gott allein. In der Forschung gilt dieser Zeitraum als, gelinde gesagt, unübersichtlich. Eine kirchliche Hochzeitszeremonie und vor allem eine kirchliche Zuständigkeit für die Ehe entwickeln sich im Laufe der Zeit. Es wird erst allmählich Usus, öffentlich zu heiraten und den Ehewillen der Beteiligten von einem Priester überprüfen zu lassen. Wobei der Wille sich oft nicht anders messen lässt als in der Abwesenheit von Ehehindernissen. Was eine Ehe unmöglich machte, hat sich im Verlauf der Kirchengeschichte mehrfach verändert. Ein auch schon in frühen Zeiten wichtiges Hindernis ist nahe Blutsverwandtschaft.

Im Mittelalter werden Bischöfe zu Landesfürsten, die Kirche übernimmt weltliche Aufgaben. Sie wird, modern gesprochen, zum Ehe-Kompetenzzentrum. Mit der politischen Entwicklung geht eine theologische einher. Unter dem Einfluss der Scholastik wird das, was vorher bloß Brauch war, theoretisch fundiert. Je mehr sich in der Praxis weltliche und kirchliche Aufgaben durchmischen, desto stärker arbeitet die Theorie die Abgrenzung heraus. Vor diesem Hintergrund ist die Lehre von den Sakramenten zu verstehen. Sakramente sind, anders als Rechtsakte, ein Zeichen der Gegenwart Gottes. Sie werden von Christus selbst hergeleitet. Taufe und Eucharistie gehen direkt auf eine Handlung Jesu zurück, die Ehe nicht. Mit der Lehre von den Sakramenten ist auch der Anspruch verbunden, dass allein die Kirche weiß, was Jesus wollte und was Christen wollen sollen. Diese Autorität strukturiert das Leben von der Taufe bis zum Totenbett, der Weg zu Erlösung und Heil führt nur über die Kirche.

Die Heilsnotwendigkeit der Ehe drängt sich vor dem Hintergrund der vorangegangenen Kapitel nicht unbedingt auf. So richtig gut kommt diese Lebensform nicht weg. Sie ist weniger wert als die Jungfräulichkeit und im besten Fall ein notwendiges Übel, um dem Vermehrungsauftrag gerecht zu werden. Das ändert sich mit Thomas von Aquin. Wie Augustinus denkt er Ehe und Erbsünde zusammen. Wie Paulus sieht er in der Ehe einen Schutzraum, um sexuelle Gelüste sittlich zu stillen. Stärker als die Denker vor ihm betont er jedoch unter Berufung auf den bereits zitierten Epheserbrief, dass die Ehe den Bund Gottes mit den Menschen abbildet und die Wirklichkeit im Sinne von Christus und im Sinne der Kirche verändert. Die Ehe bekommt damit einen eigenen Wert, sie ist mehr als eine Lebensform zweiter Wahl. Ihr wohnt Gnadenpotenzial inne. Thomas von Aquin durchdenkt gründlich, was eine Ehe zum Zustand der Gnade beiträgt und wie eine gültige sakramentale Eheschließung aussieht: Das Sakrament spenden Bräutigam und Braut einander, beide – auch die Frau – müssen ihren Willen kundtun. Unauflöslich wird die Ehe erst durch den Vollzug. Dass Sexualität nicht nur in Kauf genommen, sondern mit der

Liebe Christi in Verbindung gebracht wird, ist im Mittelalter ein kühner Gedanke.

Unauflöslichkeit, Fortpflanzung, Sittlichkeit, Heilsnotwendigkeit – mehr und mehr wird die Ehe untermauert mit theologischen Gedanken. Eine lehramtliche Bastion ist sie damit noch nicht. Das Zweite Laterankonzil von 1139 befasste sich eher indirekt mit dem Thema: Es legte ausdrücklich fest, dass Kleriker nicht verheiratet sein dürfen. Zuvor waren diese Verbindungen möglich. Das Vierte Laterankonzil von 1214 verlangt, dass Eheschließungen öffentlich sind und die Öffentlichkeit von der Absicht durch ein Aufgebot erfährt. Das Konzil von Lyon von 1274 legt die Siebenzahl der Sakramente fest, die Ehe gehört dazu.

Dennoch besteht in Grundsatzfragen noch längst keine Einigkeit. Welchem Zweck dient eine Ehe? Wann ist sie gültig? Endet sie mit dem Tod oder nie? Und: Wohin mit diesem vermaledeiten Trieb?

Schon die Paulusbriefe setzen eine lang andauernde Kontroverse über die Minderwertigkeit der Ehe gegenüber der Ehelosigkeit in Gang. Dass Fortpflanzung der wichtigste Ehezweck ist, gilt im Mittelalter als unstrittig. Umstritten ist jedoch, wie Sexualität und Sakrament zusammengehören. Die »Konsenstheorie« besagte, dass der Ehewille für das Zustandekommen der Verbindung vor Gott genügt. Die »Kopulationstheorie« behauptet, eine Ehe müsse »vollzogen« werden. Die Kontroverse wird salomonisch oder besser: päpstlich gelöst. Wie der Kirchenrechtler Ulrich Rohde in seiner Vorlesung zum Eherecht herausarbeitet, gehören Kompromisse schon im 12. und 13. Jahrhundert zum kirchlichen Kerngeschäft. Die Lehre betont den Konsens, das Recht pocht auf den Vollzug. Kommen die Vermählten körperlich nicht zusammen, darf die Kirche die Ehe beenden. Das gilt bis heute. Wird die Ehe vollzogen, kann keine irdische Instanz sie lösen. Auch hier gibt es einen Ausweg, der zurück an den Anfang führt: die Ehenichtigkeit. Damit wird festgestellt, dass es am rechten Ehewillen gefehlt hat. Das Verfahren wird über die Jahrhunderte verfeinert, bis Papst Franziskus es im Herbst 2015 radikal vereinfacht.

Klarer konturiert wird das Sakrament der Ehe erst durch die grundsätzliche Anfechtung in der Reformation. Luther nennt sie ein »weltlich Ding«, ein oft missverstandenes geflügeltes Wort, klingt es doch so, als habe die Ehe mit Religion nichts zu tun. Hat sie aber, erst recht bei Luther. Er lehnt jedoch den Kerngedanken des Sakraments ab: die Heilsnotwendigkeit. Die Kirche, so sein Vorwurf, behaupte, der Mensch könne sein Heil erwirken, indem er eine Ehe eingeht und den kirchlichen Vorgaben folgt. Wer eine Rechtsform derart überhöht, hat nach Luthers Ansicht von Gottes Gnade nichts verstanden. »Demnach weil die Hochzeit und Ehestand ein weltlich Geschäft ist, gebührt uns Geistlichen oder Kirchendienern nicht, darin zu ordnen oder regieren«, schreibt er im Traubüchlein. Die Kirche verspricht mit dem Sakrament etwas, das sie nicht halten kann. Das ist der konfessionelle Kernkonflikt um die Ehe, der bis heute andauert. Alle anderen sichtbaren Unterschiede – die Erlaubnis, sich scheiden zu lassen, die Möglichkeit, als Pfarrerin oder Pfarrer zu heiraten – ergeben sich aus dieser fundamental anderen Auffassung.

»Weltlich Ding« klingt abwertend, wertet aber das Alltagsleben auf. Christsein entscheidet sich daran, wie jeder im Alltag Gott dient. Die Ehe ist gerade nicht weniger wert als das Priestertum. Während Theologen wie Thomas von Aquin damit gerungen haben, die Ehe in die Kirche zu integrieren, integriert Luther die Ehe in die Gesellschaft. Für ihn ist Ehe auch ein soziales Ding, der Staat beziehungsweise das Gemeinwesen profitieren davon. Dieser Grundgedanke wirkt sich auf die Zeremonie aus: Oft findet die rechtskräftige Trauung vor der Kirchentür statt, im Gotteshaus gibt es nur einen Segen. Das ändert sich, als standesamtliche und kirchliche Hochzeit Ende des 19. Jahrhunderts räumlich voneinander getrennt werden.

Was Luther bekämpft, schreibt das Konzil von Trient fest: Die Ehe ist ein Sakrament. Punkt. Sie erwirkt göttliche Gnade, sie verhilft dem Menschen zu einem gottgefälligen Leben. Und sie wird mehr und mehr zum Herrschaftsinstrument in der Hand des Klerus: Die Kirche schreibt vor, wie eine Ehe zustande kommt, und sie schreibt vor, wie über die Ehe gesprochen beziehungsweise gedacht werden darf. Demnach sind Ehen nur gültig, wenn sie in Anwesenheit eines Priesters und zweier Zeugen geschlossen werden. Wer die Ehe eingeht, verspricht lebenslange Treue. Weder der Ehemann noch die Ehefrau haben das Recht, die Ehe für beendet zu erklären, wenn einer der beiden das Treueversprechen bricht. In die Feinheiten der Sakramentaltheologie dürfte damals nicht jeder Heiratswillige eingeweiht gewesen sein, dennoch: Wenn Christen zueinander Ja sagen, gehen sie eine sakramentale Ehe ein, ganz gleich, wie ausgeprägt ihr Wissen ist, und ganz gleich, ob sie wirklich glauben.

Auch ohne fundierte Kenntnisse erschließt sich die weltliche Tragweite der heiligen Handlung. Die katholische Ehe – seit der Reformation muss man diese Unterscheidung treffen – entzieht sich dem menschlichen Zugriff. Sie basiert zwar auf dem freien Willen der Eheleute, ist sie aber geschlossen, muss der Wille in Richtung Ehe-Erhaltung gehen. Nur die Kirche hat Ermessensspielräume. Sie prüft Ehehindernisse, idealerweise vor der Ehe, notfalls auch rückwirkend im Falle einer Annullierung. Wer anders über die Ehe denkt und anders lebt, ist draußen. Auch das hält das Trienter Konzil fest, umständlich in der Sprache, klar in der Aussage: »Wer sagt, die Kirche irre, wenn sie lehrte und lehrt, gemäß der Lehre des Evangeliums und des Apostels könne das Band der Ehe wegen Ehebruchs eines der beiden Gatten nicht aufgelöst werden, und keiner von beiden, nicht einmal der Unschuldige, der keinen Anlass zum Ehebruch gegeben hat, könne, solange der andere Gatte lebt, eine andere Ehe schließen, und derjenige, der eine Ehebrecherin entlässt und eine andere heiratet, und diejenige, die einen Ehebrecher entlässt und einen anderen heiratet, begingen Ehebruch: der sei mit dem Anathema belegt.« Kirchenbann also.

Luther findet, die Geistlichkeit habe nichts in Sachen Hochzeit zu »ordenen«, die katholische Kirche ordnet mehr denn je. Die Ehe ist riskant für diejenigen, die sie eingehen und feststellen, dass sie auf einen falschen Weg geraten sind. Sie ist aber auch riskant für diejenigen, die laut über das Band nachdenken.

Der Kirchenhistoriker Hubert Wolf zeigt in seinem Buch »Krypta«, dass aus der Perspektive des 19. Jahrhunderts das Trienter Konzil rückwirkend eine Verbindlichkeit bekommt, die das wirkliche Konzil nicht hat. Er spricht vom »Mythos Trient«. Die Lufthoheit der Kirche über den Ehebetten ist im 16. Jahrhundert noch keineswegs festgeschrieben, rückblickend sieht es aber so aus.

Nach dem Konzil konkurriert die kirchliche noch immer mit den weltlichen Vorstellungen einer Ehe. In der germanischen Tradition etwa kommt die Ehe durch einen Vertrag zwischen den Familien der Beteiligten zustande. In der sogenannten Muntehe wechselt die Frau in den Besitz des Gatten, wenn der die Ablösesumme zahlt. Es gibt eine Hochzeitszeremonie unter

Zeugen, ein Hochzeitsmahl mit Gästen – und eine Hochzeitsnacht, ebenfalls unter Zeugen. Scheidung ist bei der Muntehe nicht vorgesehen, sittenwidriges Verhalten der Frau kann mit dem Tod bestraft werden. Oft segnet ein Priester diesen Vertragsschluss, obwohl die christliche Ehe eigentlich etwas anderes bedeutet: Sie basiert gerade nicht auf der Vereinbarung der Familien. In der Theorie zumindest ist auch die Rolle der Frau in einer christlichen Verbindung eine andere als in einer weltlichen. Von Gleichberechtigung ist sowohl die katholische Lehre als auch Luthers Frauenbild weit entfernt, aber ein bloßes Kauf- und Verfügungsobjekt wie in der germanischen Ehe ist sie nicht.

Die Kirche arrangiert sich bei aller Differenz zur Welt über Jahrhunderte mit dem, was sie vorfindet. Umso erstaunlicher ist, wenn kirchliche Würdenträger im Brustton der Überzeugung kundtun: Der Staat habe nicht das Recht, die Ehe umzudefinieren. Davor warnt Reinhard Marx, der Vorsitzende der Deutschen Bischofskonferenz, in seiner Festrede auf einem Empfang für das politische Berlin im September 2015. Die Ehe sei älter als der Staat. So viel klerikales Selbstbewusstsein lässt beim Blick in die Geschichte staunen. Es gibt, wie gezeigt, zunächst ein spezifisch christliches, dann ein zunehmend katholisch-kirchliches Eheverständnis. Aber davor und daneben besteht ein starkes weltliches Interesse an der Ehe. Ein solcher Vertrag schafft Ordnung, er sichert Nachkommenschaft und er macht Besitzverhältnisse übersichtlich. Bisweilen ermöglicht er Gebietsgewinne, ohne Krieg: »Tu felix Austria nube«. »Heirate, glückliches Österreich« – das ist die bekannteste politische Instrumentalisierung des Traualtars.

Wer behauptet, die kirchliche Ehe sei immer schon klar definiert gewesen, verwechselt das 19. Jahrhundert mit der Ewigkeit. Erst als »der Staat« beginnt, die zivile Ehe in bürgerlichen Gesetzbüchern klar zu umreißen, nimmt die dogmatische Definitionslust in der katholischen Kirche zu. Papst Pius IX. verurteilt in der berüchtigten Enzyklika »Syllabus Errorum« von 1864 den weltlichen »Irrtum«: »Kraft des Naturrechts ist das Band der Ehe nicht unauflöslich, und in verschiedenen Fällen kann die Scheidung im eigentlichen Sinne des Wortes durch die bürgerliche Autorität rechtsgültig werden.«

Päpste irren nicht, jedenfalls nicht offiziell. Ein Teil dieser Enzyklika, etwa die Passagen zu Demokratie und Menschenrechten, dürfte weitestgehend überholt sein. Das Wort über die Ehe ist es nicht. Aus dem skizzierten Arrangement mit der weltlichen Ehe wird eine echte Rivalität, deren Schärfe jeder zu spüren bekommt, der nach einer Scheidung wieder zivil heiratet. Vom Grundsatz her ignoriert die katholische Kirche die zivile Ehe. Wenn aber die erste kirchliche Ehe zerbricht und Katholiken eine zweite Ehe eingehen, interessiert das Geschehen auf dem Standesamt doch. Mit einer zweiten zivilen Ehe begeben sich Katholiken in einen Zustand permanenter Sünde und werden von den Sakramenten ausgeschlossen. Beichten können sie diese Dauersünde nicht.

Papst Pius IX. geißelt die Scheidung als Irrtum der »bürgerlichen Autorität« und stellt ihm eine strahlende Wahrheit gegenüber: das Naturrecht. Das Wort klingt biologistischer, als es gemeint ist. Es beschreibt zunächst die Suche danach, was dem Menschen gemäß ist. Die katholische Kirche hat das Naturrecht nicht erfunden, sondern aus der Philosophie adaptiert. Denker wie Augustinus haben, inspiriert von philosophischen Naturrechtsgedanken, nach dem naturgemäßen Grund für Ehe und Sexualität gesucht. Mit dem Ergebnis, dass jede Sexualität ohne Fortpflanzung als verwerflich gilt. Homosexualität, Onanie, Empfängnisverhütung, Sex außerhalb der Ehe – all das widerspricht dem Naturrecht.

Die meisten Gläubigen wissen zu Pius' Zeiten so wenig mit dem Naturrecht anzufangen wie heute. Doch im Beichtstuhl bekommen sie die konkrete Wirkung zu spüren. Die Gewissenserforschung gerät zur Unterleibserkundung. »Nicht wenigen älteren Priestern graust es heute, was sie früher in Befolgung des kirchlichen Lehramtes als sexuelle Todsünden angesehen haben«, sagt der Kirchenhistoriker Arnold Angenendt in einem Interview.

Was die Kirche Sünde nennt, verbietet auch das weltliche Recht lange: Homosexualität ist in Deutschland bis 1969 strafbar; wer Unverheirateten ein Zimmer gibt, fällt unter den Kuppeleiparagrafen. Doch je freizügiger die weltlichen Gesetzgeber gerade in diesem Bereich werden, desto strenger pocht das Lehramt aufs Naturrecht. Rund hundert Jahre nach Pius IX., als die freie Liebe zum politischen Programm wird, schreibt Papst Paul VI. *die* Naturrechts-Enyzklika schlechthin: »Humanae Vitae«. Modern ist sie, weil sie die Ehe als personale Gemeinschaft und nicht nur als Fortpflanzungs-Gesellschaft mit unbeschränkter Haftung definiert. Unzeitgemäß ist sie schon im Erscheinungsjahr 1968, weil sie eine kleine Pille und eine hauchzarte Gummischicht zu katholischen Großglaubensthemen aufbläst. Sie verlangt den Gläubigen gerade in diesem Punkt besondere Lehramtstreue ab. Wer katholisch ist, soll gehorchen, wider die eigene Einsicht. Die Folgen sind bekannt. »Humanae Vitae« wird gut 50 Jahre später entweder für ein Vitaminpräparat eines Drogeriediscounters gehalten, als Pillen-Paul-Enzyklika verspottet oder offensiv ignoriert. Eine ebenso erhebende wie alltagstaugliche Ehe-Würdigung ist daraus in der Wahrnehmung der Gläubigen nie geworden.

Diese Enzyklika verknotet die Ehe noch fester mit der Sexualmoral. Die Gläubigen winden sich seitdem selbst heraus. Auf dem Katholikentag 1968 in Essen halten Studentinnen ein Transparent hoch mit der Aufschrift: »Alle reden von der Pille – wir nehmen sie.« Ehe ohne Fortpflanzung, Sex ohne Ehe – all das erreicht schnell das katholische Kernmilieu. Der Knoten ist in der Praxis längst durchtrennt und die losen Enden finden nicht mehr zusammen.

Das Zweite Vatikanische Konzil macht einen neuen Verknüpfungsversuch: Sexualität – schamhaft in Wörtern wie »Hingabe« und »Sich Schenken« versteckt – wird nun als etwas Positives gedeutet. Mehr noch: als etwas Heiliges. Als Folge widmet sich das Lehramt noch hingebungsvoller dem Unterleib. Vor allem der inzwischen heilige Papst Johannes Paul II. wertet die Sexualmoral zum Fast-Allerheiligsten auf. Sein moralphilosophischer Ansatz enthält durchaus Neues: In seiner »Theologie des Leibes« und in verschiedenen Lehrdokumenten schreibt er gegen die Lustfeindlichkeit der Lehre an. Das ist innerkirchlich ein Fortschritt für alle, die bei Augustinus' Erbsünden-Erotik stehen geblieben sind. Aber natürlich koppelt er die Lust an die Reproduktion und die Reproduktion an die Ehe. Es gibt weiterhin erlaubte Erotik, und es gibt verbotene Erotik. Jeder einzelne »Akt« wird sittlich bewertet. Ob One-Night-Stand, Bordellbesuch oder Sex mit dem festen Partner: Alles, was nicht-ehelich passiert, ist gleich verwerflich.

Der außerkirchliche Kampf dieses Papstes gilt dem Kommunismus, sein innerkirchlicher den Kritikern dieser Verbotszone. Die Treue zur katholischen Sexualmoral wird in seinem Pontifikat zum Ausweis katholischer Identität, bei Bischofsberufungen steht dieses »Eignungskriterium« ganz oben. Doch im Katholischen gehört die Dialektik zum Glaubensleben: Je obsessiver sich das Lehramt den Sünden im Bett widmet, desto weniger Sündenbewusstsein entwickeln die Gläubigen.

Heinrich Böll erzählt in seinem Roman »Ansichten eines Clowns« aus dem Jahre 1963 von dem Varietékünstler Hans Schnier, der mit der Katholikin Marie jahrelang unehelich zusammenlebt. Das Buch ist ein Skandal, es wird im vorkonziliaren Deutschland als Angriff auf die katholische Kirche gewertet. Dabei ist die Sprache verschämt: »Das, was ich mit Marie getan hatte«, lässt Böll seinen Hans Schnier über die gemeinsame Nacht mit der Geliebten denken. Da schwingt Sündenbewusstsein mit. In den 1980er-Jahren hatten nicht einmal mehr Katholikinnen wie Marie ein schlechtes Gewissen, wenn sie »das« machten, ohne verheiratet zu sein.

Die Macht über die Gewissen schwindet, die Macht über das Wissen wird demonstriert. Während des Pontifikats Johannes Pauls II. werden Theologen zum Schweigen gebracht, die wie Uta Ranke-Heinemann an der Jungfrauengeburt und dem Sinn des Zölibats zweifeln. Der Abstand zur Gesellschaft vergrößert sich in diesem langen Pontifikat, obwohl der Papst wie ein Popstar gefeiert wird. Die durch die Familiensynode zu neuen Ehren gekommene Enzyklika »Familiaris consortio« von 1981 beklagt den Sittenverfall und die Sexualisierung der Gesellschaft. Johannes Paul II. mahnt eine Erziehung zur Keuschheit an. Das ist ebenso rührend wie vergeblich. Dass Sex banalisiert wird, stimmt. Aber dass Sex nur in der Ehe gut ist, glaubt trotzdem niemand mehr.

In unserer katholischen Jugendgruppe diskutieren wir zunächst heftig darüber, dann sind wir »durch« mit dem Thema. Jeder versucht für sich, seinen Weg zwischen Ex-und-Hop-Sex und Verbotsmoral zu finden. Wenn Moraltheologen laut darüber nachdenken, ob nicht statt des ganzen Ehepakets nur

Einverständnis, Verbindlichkeit und Zuneigung ethisch vertretbaren Sex ausmachen, denken sie riskant. Deshalb verabschieden sich viele in den 1990er-Jahren davon.

Papst Benedikt XVI. verfolgt weniger detailversessen als der Vorgänger das Geschlechtsleben seiner Herde. Seine Enzyklika »Deus Caritas est« beginnt mit dem Lobpreis der Erotik und einem Hauch Selbstkritik: »Heute wird dem Christentum der Vergangenheit vielfach Leibfeindlichkeit vorgeworfen, und Tendenzen in dieser Richtung hat es auch immer gegeben. Aber die Art von Verherrlichung des Leibes, die wir heute erleben, ist trügerisch. Der zum »Sex« degradierte Eros wird zur Ware, zur bloßen »Sache«; man kann ihn kaufen und verkaufen, ja, der Mensch selbst wird dabei zur Ware. In Wirklichkeit ist dies gerade nicht das große Ja des Menschen zu seinem Leib ... Demgegenüber hat der christliche Glaube immer den Menschen als das zweieinige Wesen angesehen, in dem Geist und Materie ineinandergreifen und beide gerade so einen neuen Adel erfahren. Ja, Eros will uns zum Göttlichen hinreißen, uns über uns selbst hinausführen, aber gerade darum verlangt er einen Weg des Aufstiegs, der Verzichte, der Reinigungen und Heilungen.«

Dass ein Papst den Eros so preist, ist neu. Noch dazu gibt Benedikt Nietzsche ein bisschen recht, der behauptet hat: »Das Christentum gab dem Eros Gift zu trinken. Er starb zwar nicht daran, aber es entartete zum Laster.«

Die Enzyklika erscheint im Dezember 2005. Da ist Nietzsches Aphorismus fast 130 Jahre alt. Dass Erotik ein Laster ist, haben auch diejenigen Katholiken verstanden, die Nietzsche nicht gelesen haben. Meine Oma zum Beispiel, die ihr Leben lang trotz sieben Kindern Mitglied der Jungfrauenkongregation blieb, weil sie gelernt hat, selbst den Eros in der Ehe schmutzig zu finden. Aber wer glaubt schon, dass eine Enzyklika eine so tief sitzende Tradition ändern kann? Fast erwartbar verheddert sich auch der Top-Theologe auf dem Papstthron in den Feinheiten der Verhütungsfrage. Im Buch »Licht der Welt« spricht Benedikt darüber, dass Kondome in Einzelfällen erlaubt sein könnten. Als daraufhin die Medien titeln »Papst erlaubt Kondome«, bringt die Glaubenskongregation das Naturrecht gegen die Latex-Laxheit in Stellung. Kondome seien nur aidsinfizierten männlichen Prostituierten gestattet, stellt die Behörde klar. Katholischen Ehemännern bleiben sie verboten. Katholische Ehemänner fragen allerdings längst nicht mehr in Rom nach. Die Note der Glaubenskongregation trägt einen Titel, den auszusprechen länger dauert als manche »schwer ungeordnete« Handlung, die damit verurteilt werden soll: »Note der Kongregation für die Glaubenslehre – Über die Banalisierung der Sexualität im Hinblick auf einige Teststellen aus ›Licht der Welt‹«.

Viele Umfragen fördern seit den 1980er-Jahren zutage, dass die so lange zäh verteidigten lehramtlichen Positionen in Deutschland nur noch von einer Minderheit der Katholiken bejaht werden. »Wahrheit ist nicht Mehrheit«, lautet die kirchliche Selbstimmunisierungsformel. Will sagen: Wenn das Leben sich nicht nach der Lehre richtet, hat eben das Leben Pech gehabt. Erst Franziskus kehrt die Blickrichtung um. Er fragt im November 2013 selbst nach, wie es die Katholiken mit der Lehre halten. Damit lassen sich die Ergebnisse nicht so folgenlos wegsperren wie all die demoskopischen Befunde vorher. Wenn 90 Prozent der Katholiken weltweit kein Problem damit haben, die Lehre zu ignorieren, dann hat die Lehre ein Problem. Wenn zugleich 90 Prozent der Befragten sagen, dass sie das Ehe-Ideal der katholischen Kirche teilen, dann wird das Problem eher größer als kleiner. Denn es ist ein Ideal, das die wenigsten kennen und das kaum noch von sozialem Druck abgesichert wird. Die kirchliche Ehe ist nicht mehr das Synonym für das Unvermeidliche. Sie ist ein Synonym für das Unerreichbare.

Sag mir, wo die Sünder sind? Die Familiensynode

Die Ehe ist riskant für diejenigen Katholiken, die sie eingehen, und riskant für diejenigen, die darüber befinden. Im Oktober 2015 treffen sich in Rom 265 Kardinäle, Erzbischöfe und Bischöfe, um über Ehe und Familie zu beraten. Es ist kein Konzil, doch jedem Beobachter ist klar: Zur Diskussion steht der künftige Kurs der Kirche. Schafft sie noch einmal den Anschluss an die Gesellschaft oder gefällt sie sich als Stadt auf dem Berg mit denkmalgeschützter Ehebastion?

Der Papst nötigt die Synodenväter, die Wirklichkeit anzuschauen. Und so finden die einen heraus, dass wiederverheiratete Geschiedene sich wie Katholiken dritter Klasse fühlen, und die anderen, dass die afrikanische Ehe in Etappen nicht ganz mit der Lehre übereinstimmt. Einen Tag vor Beginn der Synode outet sich ein Mitarbeiter der Glaubenskongregation als schwul und stellt bei der Gelegenheit seinen langjährigen Lebenspartner vor. Das ist dann doch zu viel der Wirklichkeit.

Der Mann fliegt aus der Kurie – und das Thema Homosexualität von der Agenda. Robert Sarah, Kurienkardinal aus Guinea, gibt noch schnell zu Protokoll, dass Homosexualität im 21. Jahrhundert das sei, was der Nationalsozialismus im 20. Jahrhundert war. Danach wird dieser Teil der Sexualmoral wegen »kultureller Differenz« erst recht indiskutabel.

Aber es soll ja in diesen drei Wochen hauptsächlich um die heterosexuelle Ehe gehen, um ihren Sinn, ihre Schönheit und ihr Scheitern. Schon das bietet genug Stoff für erbitterte Kämpfe. Kardinäle schreiben und präsentieren Bücher um die Wette. Die einen um den deutschen Kurienkardinal Walter Kasper halten es für möglich, dass wiederverheiratete Geschiedene nach seelsorgerlicher Begleitung und intensiver Gewissensprüfung wieder an den Sakramenten teilnehmen. Diesen Weg haben drei deutsche Bischöfe – darunter Kasper – schon 1993 vorgeschlagen und sind damit beim Präfekten der Glaubenskongregation Joseph Ratzinger abgeblitzt. Die Kasper-Kritiker – darunter der deutsche Kurienkardinal Gerhard Ludwig Müller – sehen in diesem Weg das Ende der Unauflöslichkeit. Sie kämpfen für die Bastion Ehe. Bröckelt der Bau, hat der gefürchtete Zeitgeist gesiegt.

Einig sind sich alle Lager in der Schelte für die unterkomplexen Medien. Die nämlich interessieren sich nur für die wiederverheirateten Geschiedenen, nicht für die Schönheit der Ehe. Am Ende wird sich im Abstimmungsergebnis zeigen: Es ist tatsächlich das am härtesten umkämpfte Thema. Für den entsprechenden Punkt kommt nur knapp eine Zwei-Drittel-Mehrheit zustande.

Jeden Mittag gibt es eine Pressekonferenz. Dort erzählen Synodenteilnehmer von beglückenden Erfahrungen. Von neuen Erkenntnissen. Von konstruktiven Diskussionen. Kleriker auf Klassenfahrt. »Wir haben gelernt, hinzusehen«, schwärmt Reinhard Marx.

Auf meinem Schreibtisch liegt in diesen römischen Tagen ein mehr als 45 Jahre altes »Spiegel«-Interview mit dem Moraltheologen Bernhard Häring. Die erste Frage der Journalisten: »Herr Professor, ist nach Ihrer Ansicht jeder außer- und voreheliche Geschlechtsverkehr Unzucht, also fornicatio?« Die erste Antwort: »Ich glaube nicht, dass wir dieses sehr generelle Urteil auf ganz verschiedene Formen anwenden sollten. Es ist doch zu unterscheiden, ob es Unzucht ist im Sinne der Prostitution, bei der man sich den Körper einer ungeliebten und ungeachteten Person kauft; oder ob es gelegentliche Promiskuität ist, aber doch auf der Basis einer affektiven Zuneigung, oder ob es die Verbindung zweier Menschen ist, die noch keine Ehe geschlossen haben und der darum etwas fehlt, die aber doch Ausdruck echter Liebe sein kann. Das möchte ich nicht alles unter den Titel Unzucht bringen.«

Ich frage mich: Wie war es möglich, so lange wegzusehen und nicht zu unterscheiden? Wie viel Kraft ist im Herbst 2015 nötig, um Härings Stand von 1970 zu erreichen?

Journalisten sind bei den Beratungen ausgeschlossen. In die Synodenaula dürfen sie nur zu den Eröffnungsgebeten. Ich habe einen Platz für den Morgen des letzten Tages ergattert. Die Lautsprecher rufen um kurz vor neun zum Gebet. Neben mir steht eine Schweizer Kollegin. Sie hat ihr Baby dabei. Ein afrikanischer Bischof stürzt auf das Kind zu und macht ein Selfie. Bischof, Baby, Berichterstatterin. Eine spontanheilige Familie. Ein schönes Bild.

Die Wirklichkeit ist komplizierter als der Knopfdruck auf den Selbstauslöser. Die Kardinäle, Erzbischöfe und Bischöfe zwängen sich nach dem Gong in ihre Sitze. Sie sehen müde aus.

Die große Mehrheit von ihnen ist von Johannes Paul II. und Benedikt XVI. ernannt worden. Sie haben gelernt, die Ehe- und Sexualmoral wie eine Monstranz vor sich herzutragen. Ist eine Theorie gut, die sich im Leben nicht bewährt? Diese Frage haben sie sich lange verboten. Sie haben sich bemüht, gerade das Nicht-Realisierbare als Qualitätsmerkmal zu verinnerlichen. Mir fällt ein, was mir ein deutscher Bischof am Rande einer Diskussion sagte: »Woran ich 30 Jahre lang glauben musste, kann ich jetzt nicht einfach ablegen.«

Nur wenige leisten Widerstand gegen den Reformkurs des Papstes, nur wenige sind entschiedene Mitstreiter. Dem Gros geht es so wie dem Ehemann in einem Loriot-Sketch: Sie möchten einfach nur dasitzen und nicht von frischer Luft gestört werden. Sie wollen die Kirche behalten, die sie einmal geheiratet haben. Diese Ängstlichen und Bequemen sind unberechenbar. Das macht sie riskant für den Papst.

Franziskus will Veränderungen: Die Wirklichkeit ist wichtiger als die Idee; der Beichtstuhl ist keine Folterkammer; wer bin ich, dass ich über andere urteile. Das sind geflügelte Franz-Worte. Sein Apostolisches Schreiben »Evangelii Gaudium« ist so kirchenkritisch, dass er damit zu Benedikts Zeiten nicht einmal zum Diakon geweiht worden wäre. Er will Umkehr, Demut, Bescheidenheit, eine arme Kirche mit offenen Armen. Barmherzigkeit – für manchen klingt das wie eine Drohung. Dieser Plan B bedeutet Machtverzicht und Mühe um echte Menschen, nicht immer nur um »den Menschen von heute«, der in Predigten aufscheint. Franziskus mahnt den Perspektivwechsel an: Erst der Mensch, dann die Ordnung. Bisher war es umgekehrt.

Die Bischöfe tagen abwechselnd im Plenum und in Sprachgruppen. In der deutschsprachigen Runde sitzen die beiden

Kontrahenten in Sachen Ehe einander gegenüber: Kasper und Müller. Man berät – ausgerechnet in den Räumen der Glaubenskongregation. Doch auch das bewahrt nicht vor frischen Ideen: Am Ende macht die Gruppe einen Vorschlag, den der Präfekt dieser Kongregation, Kardinal Müller, noch kurz zuvor ausgeschlossen hatte. Man einigt sich auf den Kasper-Weg für Wiederverheiratete. Beobachtern gilt das als Wunder. Die deutschsprachige Gruppe geht noch in einem anderen Punkt weiter als weltkirchlicher Mainstream: Sie entschuldigt sich für das Leid, das die katholische Kirche alleinerziehenden Frauen, Homosexuellen und Geschiedenen angetan hat. Damit kann sie sich zu Hause blicken lassen. In der Aula blitzt das meiste ab. Die Deutschen gelten ohnehin als streberhaft.

Am Ende einigen sich die 265 auf ein 33-seitiges Schlussdokument, das nur Insider verstehen. Es schwärmt von der Schönheit der Ehe und vom Wert der Familie. Als gelte es, die Anfangsjahrzehnte des Christentums in ihrer Keuschheitsverherrlichung ungeschehen zu machen, preist das Papier die Ehe als »Berufung«. Damit ist sie dem Priesteramt gleichgestellt. Das ist die späte katholische Antwort auf das Allgemeine Priestertum Luthers.

Bei Artikel 84 bis 86 kommt es zum Schwur: Darin ist von Katholiken die Rede, die in zweiter Ehe verheiratet sind. Artikel 84 erklärt, man wolle Wiederverheiratete in die christlichen Gemeinden integrieren. Wir lassen euch nicht fallen, auch wenn ihr nicht das Ideal lebt, heißt das.

Artikel 85 beruft sich ausgerechnet auf Johannes Paul II., jenen Papst also, der die Ehe zu einer Festung gegen den Zeitgeist ausgebaut hat. Er hatte in »Familiaris Consortio« angemahnt, nach einer Scheidung die verschiedenen Situationen zu unterscheiden: »Es ist ein Unterschied, ob jemand trotz aufrichtigen Bemühens, die frühere Ehe zu retten, völlig zu Unrecht verlassen wurde oder ob jemand eine kirchlich gültige Ehe durch eigene schwere Schuld zerstört hat.« Daraus lässt sich eine Einzelfallprüfung ableiten. Vom Kommunionempfang ist zwar nicht die Rede, aber er wird auch nicht ausdrücklich ausgeschlossen. Wenn eine Tür nicht ganz zufällt, dann ist Platz für einen Wind of Change. So bescheiden sind Katholiken nach 40 Jahren Vakuumdasein. Dieser Artikel bekommt das schlechteste Abstimmungsergebnis, aber es reicht so gerade für das erforderliche Quorum.

Erstaunlicher als der Inhalt ist der Ton des Dokuments: Die Wörter Sünde und »irreguläre Situationen« sind verschwunden. Kulturpessimismus tritt dosiert auf. Von komplexen oder schwierigen Situationen ist die Rede. Franziskus hat seinen Bischöfen befohlen, auf den Moralanstaltston zu verzichten. Sie gehorchen brav. Barmherzigkeit auf Befehl.

Aber ist eine Kirche vorstellbar, die darauf verzichtet, sittlich zu bewerten? Macht nicht die Bewertung von gutem Akt und bösem Akt, die Unterscheidung in wahre Liebe und banalen Sex die Existenzgrundlage der katholischen Kirche aus? In einigen Lokalen Roms hängen große Bilder von Johannes Paul II. und, auf dem Weg zur Toilette, kleine von Franziskus.

Päpste kommen und gehen. Darauf hoffen alle, die die erste Frage mit Nein und die zweite mit Ja beantworten. Sag mir, wo die Sünder sind?, summen sie. Und hoffen darauf, dass der nächste Papst das wieder in Ordnung bringt.

Was würde Oma dazu sagen?

Ich stamme aus einer rheinisch-katholischen Familie. Nicht alle Anverwandten sind fromm, aber viele, besonders die Frauen. Als Kind bekomme ich mit, was in diesem katholischen Kosmos Liebe und Nicht-Liebe so alles anrichten: kreuzunglückliche Ehen, glückliche Ehen, weder-glückliche-noch-unglückliche Ehen, freiwillige Singles und unfreiwillige, Onkelehen und Scheidungen, Alleinerziehende und Patchworkkonstruktionen. Eine Nonne gehört zum Familienkreis, ebenso ein Ehemann und Vater, der in der Kölner Schwulenszene verkehrt. Das alles spielt sich auf dem Dorf, nicht in der Metropole ab. Es ist schon eine Weile her. Damals wird über Gefühle kaum gesprochen. Und der Herr Pastor wird nicht kritisiert.

Ich erinnere mich an meine Tante. Ungefragt erzählt sie jedem, sie sei »unschuldig geschieden«. Sie, die Marienverehrerin, hat einen Mann aus Königsberg geheiratet. Irgendwann betrügt er sie, es gibt Streit, aber er trennt sich nicht von der Freundin, so will es die Familiensaga. Meine Tante lässt sich scheiden und zieht wieder bei ihrer Mutter ein. »War eben ein

Protestant«, seufzt eine sehr katholische Freundin meiner Tante. Die wiederum ist früh verwitwet, ihr Mann fiel im Zweiten Weltkrieg. Ihre Tochter hat den Vater nie kennengelernt.

Die kinderlose Geschiedene und die Alleinerziehende fahren regelmäßig gemeinsam nach Banneux. An dem belgischen Marienwallfahrtsort zünden sie Kerzen an. Den Daheimgebliebenen bringen sie Weihwasser und Rosenkränze mit. Auch unter der Woche besuchen sie die heilige Messe. Die Kirche gibt ihnen etwas, was die Gesellschaft in den 1970-Jahren zumindest in der Provinz Frauen wie ihnen nicht zu bieten hat: Sie gehören dazu, obwohl sie nicht dem Ideal entsprechen. Aber in der Klarstellung der Tante – »unschuldig geschieden« – versteckt sich Schmerz. Nur »geschieden«, dafür hätte sie sich in der Kirche und im Bus nach Banneux geschämt. Sie will die Absolution, und sei sie nur von einem weltlichen Gericht.

Sie und ihre Freundinnen geben Partnerschaftsanzeigen auf. Ob sie ernsthaft einen Neuanfang versucht hätten, der sie in den Augen des Pastors zu Sünderinnen gemacht hätte? Meine Tante heiratet nicht mehr, ihre Freundin auch nicht. Von allen Verwandten freut sie sich am meisten, als ich mit 30 endlich den Heiratsantrag meines Freundes annehme.

Ich erinnere mich an die Hochzeit meiner anderen Tante. Sie ist damals in den frühen Siebzigern nicht mehr jung, wegen einer Beinkrankheit kann sie kaum laufen, deshalb findet die Zeremonie in ihrem Wohnzimmer statt. Ich werde mit vier Jahren also Zeugin einer seltenen Prozedur namens Haustrauung. Der Couchtisch ist der Altar. Als der Priester, ein Monsignore, den Bräutigam fragt: »Willst du deine Frau lieben, achten und ehren, bis der Tod euch scheidet?«, sagt der nicht sofort Ja. Er hat Einwände: »Aber Herr Pastor, wir wollen doch an so einem Freudentag nicht vom Tod sprechen.« Der Hausaltar senkt offenbar die Hemmschwelle. Die Gäste zucken zusammen. Die Brautmutter, meine Oma, greift sich ans Herz. Niemals hätte sie es gewagt, die von der Kirche vorgegebenen Worte zu verändern. Niemals hätte sie Zweifel laut werden lassen, ob an dem Spruch alles stimmt. Der Monsignore räuspert sich und wiederholt seinen Satz, wieder mit dem Tod. Mein Onkel widerspricht erneut. Beim dritten Mal sagt er endlich Ja. Die Trauung wird vollzogen, der Monsignore sucht nach dem Schlusssegen das Weite. Meiner Oma raunt er im Hinauseilen zu, dass die Enkelin schön das Vaterunser gebetet habe. Ohne Fehler. Die Enkelin bin ich.

Als ich selbst gute 25 Jahre später den Satz vor einem richtigen Altar spreche, fällt mir auf, dass es nicht mehr »bis dass der Tod uns scheidet« heißt, sondern »alle Tage meines Lebens«. Ich muss an meinen angeheirateten Onkel denken. Posthum hat er sich durchgesetzt. Ohne den Tod klingt die Unauflöslichkeit viel freundlicher. Die Ehe der beiden Hausgetrauten endet tatsächlich mit dem Tod der Tante 1981.

Ich erinnere mich an eine Cousine meines Vaters. Die trägt in den 1970ern ihren Ehekrach immer vor der Kundschaft ihres Schreibwarenladens aus. Wenn ich mir die neueste Version von Slime – eine glitschige Masse, die damals sehr angesagt ist – kaufe, schimpft sie auf »den da«. Gemeint ist ihr Mann, ein 175er, wie mein Vater sagt. Schwul würde man es heute nennen. Mein Vater spielt damit an auf den Strafrechtsparagrafen 175, er meint das abwertend, das ist normal bei uns im Dorf. Jedenfalls haben seine Cousine und »der da« einen gemeinsamen Sohn. Als der Junge bei einem Verkehrsunfall stirbt, lassen sich die Eltern scheiden. Die Schwester der Geschiedenen, auch sehr katholisch, bricht daraufhin den Kontakt ab. Eine Ehefrau trenne sich nicht von ihrem Mann, egal, was da komme, sagt sie. Sie bekocht den Verlassenen.

Ich erinnere mich an meine Großmutter, eine fromme Frau. Sie betet mehrmals täglich den Rosenkranz, bekreuzigt sich mit Lourdes-Weihwasser und redet stets respektvoll vom »Herrn Pastor«. Als ich sie – ich muss wohl im Teenager-Alter sein – frage, wie sie es geschafft habe, als Mutter von sieben Kindern Mitglied der Jungfrauenkongregation zu sein, betet sie einen Rosenkranz extra für mich, die potenziell verlorene Seele.

Erst viel später begreife ich, warum sie sich ständig an Maria wendet. Es ist wohl weniger die Jungfrau, die sie verehrt. Es ist die Schicksalsgenossin, der sie sich verbunden fühlt. Maria wusste, wie es ist, ein Kind zu verlieren. Meine Großmutter weiß es auch. Die Madonna in ihrem Schlafzimmer hört ihr zu, wenn von uns niemand mehr zuhört. Weil ihr die Gottesmutter so nah ist, lässt Oma auch auf Mutter Kirche nichts kommen. Nur einmal hätte sie fast etwas Kritisches gesagt. Neben der Kirchenzeitung liest sie Klatschblätter. Die berichten Ende der Siebzigerjahre intensiv über Caroline von Monaco. Was ein »Playboy« sei, will das Damenkränzchen meiner Oma von mir wissen. Ich bin damals die Einzige in der Familie, die aufs Gymnasium geht. Es muss wohl ein Frauenheld sein, bringe ich in Erfahrung. Die Damen seufzen. Ein Frauenheld – das ist so ziemlich das Gegenteil ihrer kleinen katholischen Welt.

Meine Großmutter verfolgt die Hochzeit mit dem Playboy, sie ist dabei, als es in der Ehe kriselt und sie schließlich geschieden wird. Sie bekommt mit, dass der Fürst von Monaco sich für eine Annullierung starkmacht. Bis dahin hat sie geglaubt, eine Ehe müsse durchgehalten werden, auch wenn man auf den Beau des Dorfes hereingefallen ist. Was Gott verbunden hat, darf ein Playboy nicht trennen. »Ist das denn gerecht, wenn der

Vatikan bei der Caroline eine Ausnahme macht?«, fragt sie. Ihre Freundinnen schütteln den Kopf. Der Herr Pastor hält sich raus. Dass der Vatikan die Ehe tatsächlich 1992 annulliert, erlebt meine Oma nicht mehr.

Schließlich erinnere ich mich an die Ehe meiner Eltern. An die Streitereien. An das Schweigen. 15 Jahre lang sprechen die beiden kein Wort miteinander, nicht einmal Organisatorisches. Auf Familienfeiern wird entweder meine Mutter eingeladen oder mein Vater, gemeinsam gehen sie nirgendwo hin. Die Eltern meiner Freundinnen erscheinen zu Choraufführungen, zum Abschlussball der Tanzschule, zur Abifeier. Ich traue mich als Jugendliche nicht zu sagen, warum das bei uns anders ist. Ich leide nicht darunter, es ist mir peinlich. Scheidung ist in den 1980ern auch auf dem Dorf angekommen, meine Tante gehört zur Avantgarde, aber im katholischen Kernmilieu ist eine gescheiterte Ehe noch immer ein Makel. Jedenfalls empfinde ich es so. Die Ehe meiner Eltern endet, als mein Vater 2007 stirbt. Da ist die Goldhochzeit, die ohnehin nicht gefeiert worden wäre, in Sichtweite.

Ich zähle diese Erinnerungen nicht auf, um zu belegen: Ehe kann nur schiefgehen. Sie ist nicht per se eine verlogene katholische Konstruktion, die demontiert gehört. Die eigene kleine Welt zeigt das ganze Spektrum aus Hoffnung und Verzweiflung, Liebe und Verachtung, Glück und Schmerz, das hinter diesen drei Buchstaben steht. Die Komplexität ist das Normale, das habe ich aus diesen Erfahrungen mitgenommen.

Viele der Verwandten, von denen ich hier schreibe, haben die Kirche als Autorität akzeptiert. Es ist ihnen nicht egal, ob der Herr Pastor, der Bischof und der Papst ihr Verhalten als Sünde geißeln. Sie fühlen sich ständig schuldig. Sie erleben die Kirche als Wacht am Bett und wissen nicht genau, welcher Schatz da bewacht wird. Ein Trost ist manchen das Gebet, oft das Gespräch mit Maria. Einige leiden an der Lehre, und meinen, das sei gottgegeben.

Ich habe reichlich Leserbriefe bekommen, in denen wir Journalisten ermahnt werden, endlich über gute Ehen zu schreiben, über das zufriedene Goldhochzeitspaar, über junge Leute, die tatsächlich bis zur Hochzeit enthaltsam leben. Doch so einfach ist es nicht: hier das Scheitern, dort das Gelingen. Der Ausschnitt der Wirklichkeit, den ich gerade beschrieben habe, wurde viel zu lange nicht einmal ins Pfarrhaus vorgelassen, geschweige denn in den Vatikan. Es durfte nicht sein, dass Frauen es unerträglich fanden, betrogen zu werden, ständig Opfer bringen zu müssen. Es durfte nicht sein, dass jemand homosexuell ist und das auslebt. Viele Ehen hatten nur deshalb Bestand, weil der soziale Druck so hoch war. Das anzuerkennen hätte bedeutet: Das Sakrament verfehlt seine Wirkung.

Die Beispiele stammen aus einer Zeit, als es die Kirche nicht nötig hatte, auch diese Wirklichkeit an sich heranzulassen und zu fragen: Was sagt das Leiden an der Norm über die Norm? Wer Macht hat, braucht keine Argumente.

Meine Altersgruppe ist nicht mehr so gnädig mit der Kirche wie die Generation der Eltern und Großeltern. Die wenigsten akzeptieren eine Instanz, die Sünden definiert. Beziehungsprobleme, Fremdgehen, Gewalt in der Ehe – das geht den Paartherapeuten an oder die Polizei, aber nicht den Priester. Das ist schon so, als ich mich in den 1980ern in der katholischen Jugendarbeit engagiere. Die kirchlichen Schriften zum Sakrament türmen sich in Kathedralen-Höhe, doch es fällt Geistlichen hörbar schwer, Paaren etwas Glaubwürdiges zu sagen.

Im September 2015 bekomme ich eine Einladung der Deutschen Bischofskonferenz. Es ist ein Vorbereitungstermin für die

Synode in Rom. Der Presse präsentiert wird ein Ehepaar aus Korschenbroich. Die beiden sind als deutsche Delegierte in der Aula dabei. Bei der Zusage-Mail kann ich mir Ironie nicht verkneifen. »Ein echtes Ehepaar« wolle ich mir natürlich nicht entgehen lassen, schreibe ich sinngemäß. Was ich nicht schreibe: In welcher Kirche bin ich eigentlich gelandet, wenn die mir ein seit vierzig Jahren miteinander verheiratetes Paar als sensationellen Einbruch der rauen Wirklichkeit in die reine Synodenwelt verkauft?

Bei Christ & Welt in der ZEIT haben wir eine Woche vorher den Text eines Studenten gedruckt. Der junge Mann bekennt: Ich bin zwar katholisch und lebe mit meiner Freundin zusammen, aber die Ehe kommt für mich nicht infrage. Warum fehlt eine solche Stimme in den römischen Beratungen?, frage ich mich. Die Antwort kommt in Form mehrerer Leserbriefe. Er habe sich über den Artikel des »selbstverliebten, pubertären Mannes« geärgert, schreibt ein Leser. Wahrscheinlich habe er die Richtige noch nicht gefunden, spekulierte eine Leserin. Wer in einem katholischen Milieu die Ehe ablehnt, löst Wut aus, nicht nur Widerspruch. Verheiratete fühlen sich persönlich angegriffen. So als nähme ihnen ein renitenter Ehe-Verweigerer etwas weg.

Ein ähnliches Erlebnis habe ich in einer Kirchengemeinde nach einem Diskussionsabend über die Familiensynode. Der Moderator liest einen Satz aus einem Interview vor, das ich mit der Schriftstellerin Ulla Hahn geführt habe. Sie sagt darin: »Glauben Sie ernsthaft, ein katholisches Paar in Deutschland brennt heute noch darauf, zu erfahren, was die aktuelle kirchliche Debatte über die Sexualmoral ergibt?« Ob das Thema »durch« ist, will er von mir wissen. Ist es. Franziskus lasse Bischöfe und Basis so viel darüber reden, damit der Kopf frei werde für die wirklich wichtigen Themen, sage ich. Die Sexualmoral sei der Kern der kirchlichen Lehre, aber nicht der Kern des Christentums.

Ein Herr im Publikum zeigt erregt auf. »Und was sagen Sie zum Sex vor der Ehe? Ist das Sünde? Wenn Sie sagen: Das ist keine Sünde, verbrennen Sie dann den Katechismus?« Gemurmel im Raum. Als Frau darf man in katholischen Zusammenhängen nicht oft über Sünde und Nicht-Sünde entscheiden. Ich bin also ungeübt und antworte, was man seit Franziskus immer antwortet, wenn einem nichts einfällt: Wer bin ich, über andere zu urteilen? Es gehe mich nichts an, wer wann mit wem … und Bücher würde ich schon aus Geschichtsbewusstsein nicht verbrennen. Der Herr ist mit der Antwort unzufrieden, das spürte ich. Ein paar Tage später ruft er an und erzählt: Seit 50 Jahren sei er verheiratet, immer treu sei er gewesen. Und, ja, es fiele ihm schwer, wenn nun auch Leute neben ihm an der Kommunionbank stünden, die unverheiratet zusammenlebten oder dreimal geschieden seien. Sei das denn richtig, denen die Hostie zu geben?

Ich frage zurück: Ist es denn richtig, dass der Vater im Gleichnis dem prostituiertenerfahrenen Sohn ein Fest ausrichtet und dem braven keins? Das sei alles schwierig mit der Sünde und Kommunion, sagt er. Ich lerne aus dem Gespräch: Offenbar ist das Thema Sexualmoral doch nicht »durch«. Echte Barmherzigkeit ist keine herablassende Geste gegenüber den Schwachen, sie ist eine Zumutung für die Braven. Es ist vielen gläubigen Katholiken schwer zu vermitteln, dass die Ehe-Ablehner, die Wiederverheirateten, die Schwulen und Lesben, die Katechismus-Ignorierer es nicht verdienen, schlechter behandelt zu werden. Vielleicht bekommen sie sogar eine Party, wenn sie noch einen Rest Interesse an der Kirche erkennen lassen.

Nach diesen Reaktionen wird mir klar: Es hat nicht allein mit der katholischen Lehre zu tun, dass die Wirklichkeit nur dosiert ins Reden über die Ehe einfließen darf. Es gibt an der Basis eine Mentalität, vielleicht auch Sentimentalität, die das offene Sprechen erschwert. Etwas anderes als ein Ehepaar in der Synodenaula – das wäre eine Provokation für die Bischöfe, aber auch für viele Gläubige, selbst wenn Positionspapiere katholischer Laienverbände sich tolerant geben. Wer gegenüber glücklich verheirateten Paaren vom Scheitern der eigenen Ehe oder der Ehe der Eltern spricht, bekommt eher böse als mitfühlende Blicke. Willst du etwa anzweifeln, dass unser Glück echt ist?, fragen sie stumm.

Es ist zu einfach, sich immer nur an der knallharten Hierarchie abzuarbeiten, an Enzykliken und Kirchenvätern. Es gibt an der Basis so etwas wie eine Hartherzigkeit des Gelingens, ein subtil ausgestelltes Überlegenheitsgefühl derer, die »es« geschafft haben miteinander. Das habe ich als Kind so empfunden, das hat sicherlich meine Oma so empfunden, als sie sah, wie vor allem ihre Töchter unter den demonstrativ geführten guten Ehen ihrer katholischen Umgebung litten.

Franziskus hält die Ehe hoch und bleibt geerdet. Drei Worte seien nützlich im Alltag, behauptet er: »Danke«, »Bitte« und »Ich bitte um Verzeihung«. Das mag sich nicht auf dem neuesten Stand der Paar-Ratgeberliteratur bewegen, ist aber zumindest konkret. Es schützt davor, die Ehe zu einem Zustand permanenter Heiligkeit zu überhöhen. Franziskus überhöht ohnehin selten. Er spricht, anders als sein Vorgänger, nie von »dem Menschen« an sich. Er hat immer konkrete Menschen parat, gütige, mütterliche, väterliche. Gern erzählt er von seiner Oma Rosa. »Barmherzigkeits-Junkie« wird er im Vatikan genannt. Barmherzigkeit ist nur ein anderes Wort für Wirklichkeit. Es geht darum, sich ernsthaft dem auszusetzen, was ist, und nicht nur über das zu reden, was sein soll.

»Die Wirklichkeit ist wichtiger als die Idee«, heißt es im Apostolischen Schreiben »Evangelii Gaudium«. Eine Kirche, die nicht zur Kenntnis nimmt, was tatsächlich passiert und warum es passiert, wird auch mit ihrer Idee, mit ihrer Botschaft scheitern.

Bist du für die Ehe oder bist du gegen sie? Bist du zur Ehe berufen oder zum Zölibat? Glaubst du an die Unauflöslichkeit oder nicht? Auf diese Entweder-oder-Fragen, auf dieses Rechthabenwollen reduziert sich der kirchliche Diskurs meist. Aber keiner der Fälle, die ich geschildert habe, passt in dieses Raster. Wer heilt, hat recht, heißt ein Mediziner-Slogan. Recht hat in der Kirche, wer Menschen in ihrer Sehnsucht nach Erfüllung, Liebe und Annahme gerecht wird. Das ist ein hoher Anspruch, aber kein unerreichbarer. Ohne die Konfrontation mit der Oma, den Tanten, den Onkeln, der Cousine bleibt die Lehre tote Theorie.

Die frühkindliche Prägung hat mich nicht zur Ehe-Gegnerin werden lassen. Ich bin skeptisch geworden gegenüber der Einteilung in reguläre und »irreguläre Verhältnisse«, wie es im kirchlichen Gut-Böse-Schema so lange hieß. Wer so sortiert, ist zu bequem zum Hinhören und Hinsehen.

Meine Oma jedenfalls hätte es gut gefunden, wenn die Annullierung, wie 2015 geschehen, erleichtert worden wäre. Dieses Gewissensberuhigungsverfahren wäre dann nicht nur monegassischen Prinzessinnen zuteilgeworden, sondern auch ihrer Tochter, der unschuldig geschiedenen. Vielleicht hätte sie lügen müssen rund ums Eheband. Aber für Mutter und Tochter wäre eine Annullierung heilsam gewesen. Dass die Kirche fünf gerade sein lassen kann, um zu helfen, darüber hätten sie gläubig gestaunt.

II.

HOCH GEPOKERT: UNSERE ANSPRÜCHE

Hurra, welches Joch!
Die Ehe und das Glück

Die Ehe platzt vor Glück. Sie ist eine emotionale Zugewinngemeinschaft. Wer heiratet, erwartet Hochgefühl und Gefühlstiefe. Liebe geben, sich geliebt wissen, einander begehren, miteinander befreundet sein, gemeinsam durch dick und dünn gehen: Das sind die Grundmotive des zeitgemäßen Hohen Lieds der Ehe. Man heiratet nicht mehr, wir heiraten. Du und ich.

»Du bist das Beste, was mir je passiert ist. Es tut so gut, wie du mich liebst«, singt die Band Silbermond. Das Lied wünschen sich Brautpaare oft für ihren Traugottesdienst. Es hat längst »Ave Maria« und »So nimm denn meine Hände« ersetzt, die Sentimentalitätsklassiker vergangener Zeiten. Wenn überhaupt Ehe angesagt ist, dann muss sie guttun, sich gut anfühlen. Eine Güterzusammenlegung alter Art ist zu wenig. »Du machst mich glücklich!« ist ein noch größeres Kompliment als »Ich liebe dich«.

Glück ist ein junges und offiziell nicht anerkanntes Ehegut. Weder bei der zivilen noch bei der kirchlichen Hochzeit ist in den Formeln vom Glück die Rede. Den Staat geht es nichts an, wie intensiv die Beteiligten einander tatsächlich zugewandt sind, Hauptsache, sie kommen ihren Fürsorgepflichten nach. Die Kirche spricht von Liebe, Hingabe, Gelingen und dem Wohl der Gatten. Der flatterhafte G-Zustand fällt eher in die Kategorie »Tyrannei der Gefühle«. Im Neuen Testament kommt das Wort »Glück« nicht vor. In der Bergpredigt heißt die Lockformel »selig sind«, nicht »glücklich sind«. Im Idealfall schöpft ein gläubiger Mensch Zufriedenheit aus einem gottgefälligen Leben. »Du zeigst mir den Weg, der zum Leben führt. Du beschenkst mich mit Freude, denn du bist bei mir. Ich kann mein Glück nicht fassen, nie hört es auf«, schwärmt der Psalmist. »Die Liebe höret nicht mehr auf«, kommt da dem Bibelkundigen in den Sinn. Diese Passage aus dem Korintherbrief des Apostels Paulus wird gern bei kirchlichen Trauungen gewählt.

Zu den wenigen frühen Stimmen, die im Christentum das Eheglück preisen, gehört der Schriftsteller Tertullian. Er jubiliert: »Wie vermag ich das Glück jener Ehe zu schildern, die von der Kirche geeint, vom Opfer gestärkt und vom Segen besiegelt ist, von den Engeln verkündet und vom Vater anerkannt? … Welches Joch: zwei Gläubige mit einer Hoffnung, mit einem Verlangen, mit einer Lebensform, in einem Dienste; Kinder eines Vaters, Diener eines Herrn! Keine Trennung im Geist, keine im Fleisch, sondern wahrhaft zwei in einem Fleisch. Wo das Fleisch eines ist, dort ist auch der Geist eins.« Der Muster-Christ findet sein Glück in der Kirche. Sie weiß, was für ihn gut ist.

Wenn die Liebe zum Geehelichten doch aufhört, dann darf – und muss – der Unglückliche auf Gottes Liebe bauen. Gelingt ihm das nicht, dann macht er etwas falsch. Der Mensch, nicht Gott. Das gilt auch 1900 Jahre nach Tertullian. Ein »neues Glück«, wie es umgangssprachlich heißt, dürfen Katholiken nicht suchen, solange der erste Partner noch lebt. Theologisch lässt sich das mit dem Eheband begründen, praktisch verhärtet sich das »Joch der Ehe«, von dem der Dichter schwärmt, für viele Betroffene zum Zwangsverband.

Für Protestanten werden Ehen auf Erden geschlossen, nicht im Himmel. Irrtum und nächster Versuch sind deshalb möglich. Mehr noch: Es gibt ein Recht darauf, in der Ehe Glück und Erfüllung zu finden. Bleibt beides aus, kann eine Scheidung eine »Arznei Gottes« sein. So zumindest drückt es der reformatorische Theologe Heinrich Bullinger 1540 in seinem Buch über den »christlichen Ehestand« aus. Der Gelehrte erwartet von der Beziehung Top-Qualität, eine gegenseitige Verständigung »in höchster Güte und Zuneigung«. Qualitätsmängel sind ein legitimer Trennungsgrund. Dauer allein, das Pochen auf einen Vertrag und ein Versprechen, haben keinen Wert an sich.

Der Koran verspricht ausdrücklich Glückseligkeit dem, der Allahs Wohlgefallen erregt. Die Wege zur Gottgefälligkeit sind in den Weltreligionen verschieden, ein Grundgedanke ist ihnen jedoch gemein: Der Mensch allein hat sein Glück, sein Heil, seine Seligkeit nicht in der Hand. Er kann sich anstrengen, er kann planen, er kann sich vorbereiten, aber er kann sein Glück nicht »machen«. Der Mensch ist eben nicht Gott.

Ratgeber-Philosophen – auch die ungläubigen – sehen es ähnlich. Man solle Glück nicht überbewerten, verkünden sie seit Jahren. »Warum es nicht das Wichtigste ist«, erklärt ein Bestseller von Wilhelm Schmid schon im Untertitel. Ähnliches ließ sich auch schon ein paar Tausend Jahre früher nachlesen, etwa in Herodots Geschichte vom Krösus. Vom weisen Solon will der Superreiche wissen, ob der ihn angesichts des Vermögens für glücklich halte. Solon sagt: »Vor seinem Ende aber darf man niemanden glücklich nennen, sondern höchstens mit seinem Schicksal zufrieden.« Weisheit bedeutet in der Philosophie meistens, dass der Mensch sich im Geiste auf die Wechselfälle des Glücks – Krankheit, Not, Tod – vorbereitet und sich nicht der Illusion hingibt, Unglück aus eigener Kraft vermeiden zu können.

Der Psychotherapeut Arnold Retzer lobt in seinem wunderbaren Buch »Miese Stimmung« einen Zustand namens »resignative Reife«. Zugespitzt formuliert lautet eine seiner Thesen: Hoffnung macht depressiv. Resignativ reif sind Menschen dann, wenn sie von der Erwartung ablassen, alles kontrollieren und alles korrigieren zu können. Das gilt – natürlich – auch für die Partnerschaft. Nicht umsonst ist Retzer auch Autor eines Buches namens »Lob der Vernunftehe«. Die Erwartung, ich könne jemanden glücklich machen oder der andere müsse mich glücklich machen, ist nach Ansicht dieses Seelenexperten unreif. Die Vernunftehe verkauft sich gut, gleichwohl würden die wenigsten mit Just-married-Schild am gemieteten Oldtimer gegenüber Demoskopen sagen: »Wir haben uns aus reiner Vernunft zusammengeschlossen. Wir erwarten gar nicht das große Glück.«

Ein bisschen Vernunftehe – das trifft den Hochzeitszeitgeist schon eher. Die meisten Ehen in Deutschland sind wohl oder jedenfalls lange überlegt. Das gemeinsame Einkommen muss stimmen, beruflich will man schon etwas erreicht haben, die Frühstücks- und Schnarchgewohnheiten des anderen sind bekannt. Einstmals spontane Ja-Worte in Gretna Green oder Las Vegas organisiert ein Eventmanager. Eine Hochzeit markiert weniger einen Neubeginn als den Abschluss einer gemeinsamen Phase. Die Hochzeitsreise ist schon der 15. gemeinsame Urlaub, die Hochzeitsnacht die 1500. Begegnung dieser Art.

Trotzdem bleibt da die Erwartung, dass die Ehe über die Steuerersparnis hinaus bringt, was das Zusammenleben ohne institutionelle Bestätigung vorenthält: eine Art Glücksgrundierung des Lebens, ein Ende der ständigen Selbstbefragung. Geht's noch besser? Bin ich hier richtig? Könnte ich mich noch wohler fühlen? Eine Hochzeit krönt einen langen Prozess. Heiraten heißt zunächst einmal ankommen, nicht aufbrechen.

Das war lange völlig anders. Die Hochzeit gilt bis in die Mitte des 20. Jahrhunderts als Initiationsritus, sie markiert den Beginn des echten Erwachsenseins: Für den Mann wird es ernst mit der Ernährerrolle und der Schlüsselgewalt; für die Frau naht die Mutterschaft. Die Hochzeit sei für bürgerliche Mädchen der Tag, der über das »Gelingen ihres Lebens« entscheide, analysiert die Historikerin Monika Wienfort. Mehr Optionen als Brautkleid und Babywiege ist in weiblichen Lebensläufen nicht vorgesehen.

Mittlerweile ist die Ehe eine unter vielen Optionen. Wer sie wählt, verhält sich nicht gerade marktgängig: auf anderen Märkten zählt Innovationsbereitschaft und Flexibilität. Bindung stört. Zur Neu-Romantisierung der Ehe gehört neben der Liebe auch die Hoffnung, einen Gegenentwurf zur Welt da draußen mit ihrem ständigen Wettbewerbs- und Optimierungszwang leben zu können, wenigstens im Privaten. Schon Theodor Adorno attestiert der Ehe eine subversive Kraft. Hier muss eben nicht jede Leistung verdient und bezahlt werden, nicht alles wird aufgerechnet. Wer heiratet, zeigt, dass noch etwas anderes zählt als die Verfügbarkeit für den Arbeitsmarkt. Dieser Traum vom subversiven Schonraum wird marktwirtschaftlich ausgeschlachtet: 13 000 Euro kostet die Demonstration der Sehnsucht nach unbezahlbarem Glück und Zufriedenheit im deutschen Durchschnitt. Juristisch ist Besitz für eine Heirat nicht mehr zwingend, faktisch schon.

Doch Ankommen heißt nicht Stehenbleiben. Das Vorankommenwollen hört mit dem Ring am Finger nicht auf. Der Wettbewerb um Chancen, Aufmerksamkeit und Geld geht hinter der Wohnungstür weiter. Sich verändern, die Angebote vergleichen, das Bessere suchen, das haben wir verinnerlicht, das endet – Subversion hin, Rest der Welt her – nicht mit dem Versprechen am Traualtar. Stagniert in der Ehe das Glücksniveau, steigt ein Krisengefühl auf. Die Kombination aus Romantik und Wettbewerbslogik macht die Ehe fragil.

Im Nachbarland Frankreich haben Paare die Möglichkeit, die Erwartungen gleich von Beginn an herunterzuschrauben. Der Pacte civil de solidarité (PACS) verbindet Vernunft, Vertrag und fragile Glücksvorstellungen. Diese »Ehe light« gibt es seit 1999, sie steht hetero- wie homosexuellen Paaren offen. Der Vertrag wird zwischen zwei natürlichen und volljährigen Personen geschlossen, um das gemeinsame Leben zu organisieren. Das Formular gibt es zum Download, zuständig für Inkrafttreten und Auflösung ist das Amtsgericht. In vielem sind die PACS-Paare Eheleuten gleichgestellt, es fehlt jedoch das große Fest am Anfang und die Scheidung am Schluss. Das Ende ist kaum komplizierter als ein Löschbefehl auf dem PC. Und das ausgerechnet im Land von »L'Amour olàlà« und »Je t'aime«.

Eine deutlich vernehmbare PACS- oder Ehe-light-Lobby gibt es in Deutschland noch nicht. Die politische Auseinandersetzung wird um die Ehe mit voller Für-immer-Kalorienzahl geführt. Gegen die Hoffnung auf das dauerhafte große Glück und die Erwartung eines stetig guten Gefühls helfen weder die

Warnungen der Experten aus Theologie, Philosophie und Paartherapie noch das reife Hochzeitsdurchschnittsalter von 30 Jahren. Rund 125 000 Treffer spuckt die Amazon-Suchmaschine zum Thema Glück aus, vieles in der Kategorie »Verschenk- und Mitbringbuch«; 67 662 Suchergebnisse gibt es beim Stichwort »Zufriedenheit«, nur 7526 bei »Reife« und da ist schon ergebnisverschönernd der Erotik-Roman »Die reife Lehrerin« eingerechnet.

Wir lassen uns bei aller Vernunft die Vorstellung vom Glücks-Paar nicht ausreden. In Glückshierarchien taucht immer die feste Beziehung weit oben auf, noch oberhalb der gesicherten Rente. Zum Lebensglück gehören nicht unbedingt Kinder, aber ein Partner. Am Paar hängt alles, zum Paar drängt alles. Jahrhundertelang half die Ehe bei der Alltagsbewältigung, nun dient sie der Glücksgipfelbesteigung.

Jeden Donnerstag lese ich die Partnerschaftsanzeigen im ZEIT-Magazin. Jeden Donnerstag staune ich, wie in dieser cool-hippen publizistischen Umgebung Partnerschaft und Glück wie mit einem Liebesschloss aneinander befestigt werden. Da sucht ein »Kluger und lebenserfahrener Bär eine patente Rubensfrau f. Liebe u. Leben auf Augenhöhe, möglichst für immer«. Da sehnt sich eine »erfinderische Unternehmerpersönlichkeit mit Patentrechten« nach »emotionaler Nähe bei einer liebenswerten Gefährtin, die ihren Ritter sucht«. Niemand gibt zu, einsam zu sein. »Es« nötig zu haben. Etwas zu vermissen. Wer sich als alleinstehender Trauerkloß präsentiert, mindert den Marktwert. Also tun Bär und Ritter so, als seien sie schon superglücklich und versuchten sich nun an der allseits akzeptierten Glücksoptimierung. Allein happy sein ist die Zugspitze, Zweisamkeit der Achttausender.

Digitale Partnerbörsen unterwerfen die Liebe Algorithmen.

Schulabschlüsse, Essgewohnheiten und Einkommen werden kalkuliert miteinander in Beziehung gesetzt. Am Ende bleiben schlecht ausgebildete Männer und sehr gut ausgebildete Frauen übrig. Kaum vorstellbar, dass sie einander das Ja-Wort geben, selbst wenn sie einander so verfallen sollten wie das ungleiche Paar in Benoîte Groults Verkaufserfolg »Salz auf unserer Haut«. Wo die Liebe hinfällt, ist kein Zufall (mehr dazu im Kapitel Ehe und Gerechtigkeit).

Die Algorithmus-Anbahnung ist von den gebietserweiternden Zweckehen der alten Habsburger nicht so weit entfernt. Der Partner muss in ein Kalkül passen. Anders als im Hause Habsburg muss es darüber hinaus zwischen den beiden funken. In einer Befragung im Auftrag des Portals Elite Partner nennen 52 Prozent der Befragten die Liebe als wichtigsten Heiratsgrund. Steuerliche Gründe erwähnt jeder vierte, religiöse nicht einmal jeder zehnte. Fünf von zehn Artikeln über Partnerportale tragen trotz Vernunft und Kalkül die Überschrift »Der Klick zum Glück«.

Das Glück fällt allerdings nicht aus dem »siebten Himmel«. Wir verstehen es als etwas Gemachtes. Die Partnerschaft ist eine Leistung, die eigene Familie erst recht. Familie ist trotz Bio-Trend nichts Naturwüchsiges. Sie wird gegründet wie eine Firma, der Work-Flow muss ausgehandelt werden. Im sprichwörtlichen Hafen der Ehe werden rund um die Uhr Container verladen. Das kleine bisschen Silbermondsicherheit lässt einen dann doch nicht zur Ruhe kommen. Das stabile Gleichgewicht muss ständig neu austariert werden. Gefühle, Lebensbedingungen und Erwartungen ändern sich. Ganz nebenbei muss man auch noch auf Facebook gut aussehen beim Urlaub und bei der Familienfeier.

Ehe und Familie verlieren zwar an gesellschaftlicher Bedeutung, ein erfülltes Privatleben sei jedoch auch für Nicht-Prominente ein wichtiges Instrument der Selbstvermarktung, behauptet der Werteindex 2016. Das stille Glück wandelt sich in lautes Glück. Die Ehe ist Schaulaufen, nicht Schicksal.

Der Kulturphilosoph Ralf Konersmann, Autor eines lesenswerten Buches über die Geschichte der Unruhe, sagte mir einmal in einem Interview, es reize ihn, das Schicksal des Schicksalsbegriffs genau zu untersuchen. Er hatte bemerkt: »Das Wort ›Schicksal‹ ist aus der Öffentlichkeit verschwunden. Dass etwas unabänderlich sein soll, ist unerträglich geworden.«

Gerade beim Thema Ehe kommt man kaum ohne den Schicksalsbegriff aus. Die Ehe, jedenfalls die zwischen Mann und Frau, wird um 1900 mit dem bürgerlichen Gesetzbuch für alle Bürger möglich. Diese Revolution wandelt sich schnell zur Konvention. Rechtlich zählt der freie Wille des Brautpaares, tatsächlich mindestens so stark die Erwartung von Eltern und Gesellschaft. Die Hochzeit wird heiß ersehnt, die Ehe wird lau hingenommen. Flauberts Madame Bovary gönnt sich die Unzucht mit einem Liebhaber. Mehr noch: Sie zeigt, dass sie von einer Ehe mehr erwartet als tadellose Umgangsformen. Madame nimmt ihr Leben selbst in die Hand, sie leistet sich Lustansprüche. Dass eine Gemahlin so agiert, dass sie als Macherin auftritt, anstatt den trüben Gemütszustand als Schicksal klaglos zu akzeptieren, das ist der eigentliche Skandal.

Im romantischen Ehe-Ideal des 19. Jahrhunderts ist das Glück durchaus vorgesehen. Schon Rainer Maria Rilke spottet: »Es fällt niemandem ein, von einem Einzelnen zu verlangen, dass er glücklich sei, – heiratet aber einer, so ist man sehr erstaunt, wenn er es nicht ist!« Die Aufgaben bei der Glücksgewinnung sind klar verteilt: Eine Frau macht ihren Mann glücklich, weil sie ist, wie sie ist. Schön, häuslich, zärtlich. Ein

Mann macht seine Frau glücklich, indem er etwas für sie tut. Der Mann muss handeln, die Frau bloß sein. Oder wissen, wie sie zu sein hat.

Falls sie nicht weiß, wie sie zu sein hat, wird nachgeholfen. Die Schrift »Die gläubige Frau in der modernen Welt« von 1913 instruiert: »Mein Haus ist meine Welt! Das soll der Wahlspruch einer vernünftigen Frau sein. Sie soll ihre Häuslichkeit lieben. In ihrem Heim soll sie sich am glücklichsten fühlen. Töricht handelt die Frau, die immer draußen ihr Glück sucht. Auf der Straße, in Vergnügungen und Gesellschaften finden sie es nicht. Aber Enttäuschungen, bittere Enttäuschungen finden sie dort.«

Gut 100 Jahre später ist die Aufgabenteilung nicht mehr ganz so strikt. In Deutschland setzt sich das moderat modernisierte Rollenmodell durch: Er arbeitet Vollzeit, sie Teilzeit, sie nimmt zwölf Monate Elternzeit, er maximal zwei. Genau genommen stellt jeder dritte Mann den Antrag auf zwei Monate Väterzeit. Die häusliche Welt ist noch immer weiblich, und die Sache mit dem Glück da draußen vor allem für die Frauen schwer einzuschätzen. Die österreichische Kolumnistin Angelika Hager sieht ein »Schneewittchenfieber« heraufziehen. In ihrem gleichnamigen Buch lästert sie über junge, gut ausgebildete Frauen, die sich einen reichen Mann angeln und Kinder bekommen, anstatt sich dem Stress im Arbeitsleben auszusetzen. Mit Zahlen belegen lässt sich dieser Retro-Trend zu schrillem Glück und schickem Heim noch nicht. Nachweisen lässt sich jedoch die weibliche Unsicherheit, wie hoch die Dosis Arbeitswelt sein sollte und wann sie zum Gift wird für Familie und Partnerschaft.

Sollte die Modernisierung der Rollenmuster ein Glücksversprechen für die Frauen gewesen sein, hat sie es nicht ganz eingehalten. Wie anstrengend es wird, unter den vielen Möglichkeiten die individuell passende Glückskombination zu finden, hat niemand vorhergesagt.

Meine Oma hatte nicht viele Optionen: Heiraten, Kinder, Kochen, Putzen, Stricken, den Rosenkranz beten. Das war ihr Schicksal. Nie wollten Demoskopen von ihr wissen, wie sie sich ihr Leben vorgestellt hat. Wahrscheinlich fragten sich das nicht einmal ihr Mann und ihre Kinder. Heutige Ehefrauen dagegen sind gut erforscht. Ihr Glückszustand wird exakt vermessen, er scheint optimierbar. Forscher der Rutgers Universität in New Jersey veröffentlichten 2014 die Ergebnisse einer Studie mit fast 400 älteren Paaren. Die Probanden sollten Auskunft darüber geben, wie sich Wertschätzung ausdrückt und wie sie streiten; außerdem mussten sie Tagebuch über ihren Glückszustand bei banalen Tätigkeiten wie Einkaufen oder Putzen führen. Das Ergebnis: Die Zufriedenheit oder Unzufriedenheit von Frauen hat mehr Einfluss auf die Zufriedenheit oder Unzufriedenheit des Mannes als umgekehrt. Die federführende Professorin Deborah Carr erklärt sich das so: »Wenn eine Frau zufrieden mit ihrer Ehe ist, tut sie tendenziell mehr für ihren Ehemann, was wiederum einen positiven Effekt auf sein Leben hat.« Männer hingegen verschweigen ihren Gemütszustand. Weibliches Glück steckt an, männliches nicht. Anders gewendet: Ist die Frau zufrieden, ist die Ehe glücklich.

Dass Verheiratete – Männer wie Frauen – leib-seelische Vorteile haben, scheint statistisch gut belegbar. In zum Teil skurrilen Studien lässt sich nachweisen, dass zum Beispiel Verheiratete deutlich seltener im Krankenhaus sind als Ledige und dass sie ein stabileres Immunsystem haben als Geschiedene. Sie kaufen weniger Tabak und Alkohol als Unverheiratete. Beliebt als Forschungsthema ist auch die Ernährung. Demnach nehmen Ehemänner zwar an Gewicht zu, ernähren sich aber ausgewogener als der größte Teil der männlichen Singles.

Derartige Statistiken tauchen regelmäßig in den Medien auf, mal im Ressort Buntes, mal in der Wissenschaft. Die »Frankfurter Allgemeine Sonntagszeitung« titelt im Juli 2015 heilfroh: »Ehe macht glücklich und gesund«. Eine derart unschlagbare Positiv-Effekt-Kombination hat nicht einmal die iWatch zu bieten trotz Tinder-App und Blutdruckmessgerät. Diese Werbung für den Lebensbund funktioniert so ähnlich, als wenn Kinder Mozartklaviersonaten lernen sollen, damit sie besser in Mathematik werden. Erst die Umwegrentabilität überzeugt, aus sich selbst heraus punktet die Ehe offenbar nicht.

Die Sache mit dem Glück ist ohnehin komplizierter. Womöglich hat der Soziologe Rüdiger Peuckert recht, wenn er schreibt: Glückliche Menschen heiraten schlicht häufiger als unglückliche. Die Ehe selbst macht gar nicht den feinen Unterschied. Glück hängt viel mehr von der grundsätzlichen Einstellung zum Leben ab, etwa vom Talent, seinen Alltag lieben zu können, ohne dauernd darüber nachzudenken, wie er noch besser sein könnte.

In Langzeitstudien wurden Paare vor der Hochzeit, am Hochzeitstag und einige Jahre nach der Hochzeit befragt. Die Befunde fallen ernüchternd aus. »Generell fanden sich keine Hinweise darauf, dass eine Heirat mittel- und langfristig das Glück und die Zufriedenheit mit dem Partner positiv beeinflusst. Ganz im Gegenteil: Die Paare wurden sogar im Laufe der Zeit unzufriedener mit ihrer Beziehung«, fasst Peuckert zusammen. Lediglich einen vorübergehenden Honeymoon-Effekt messen seine Forscher-Kollegen.

Die Ehe macht demnach Glückliche auf Dauer ein bisschen unglücklicher und Unglückliche nicht glücklich. Mit solchen

Befunden kann man im Alltag kaum mehr anfangen als mit einer Enzyklika. Dennoch sind Studien, die zugunsten der Ehe ausgehen, häufiger nachgefragt als päpstliche Papiere. Man glaubt Ehe-macht-gesund-schön-und-schlau-Artikeln gern, auch wenn und gerade weil auf der Rückseite die neue Scheidungsstatistik ausgebreitet wird.

Was passiert, wenn sich die Glückserwartungen trotz aller Beziehungsarbeit auf Dauer nicht erfüllen? Gemeinhin lautet die säkulare Antwort: Dann machen die beiden eine Ehetherapie und versuchen, sich an den Zauber des Anfangs zu erinnern. Klappt das nicht, trennen sie sich, weil ja zum Glück Ehen heute nicht mehr eisern durchgehalten werden müssen. Vor allem die Frauen können raus aus dem Joch. Sie bezahlen nicht, wie Madame Bovary, mit dem Leben dafür, dass sie dem Unglück zu entrinnen suchen.

Doch so unabhängig von finanziellen und gesellschaftlichen Zwängen, wie es die große Modernisierungserzählung nahelegt, ist auch die zeitgenössische Ehe nicht. Statistisch wird kaum erfasst, wie viele Paare noch immer »der Kinder wegen« zusammenbleiben und wie viele Frauen sich nicht trennen, weil sie Angst haben vor der gesellschaftlichen Deklassierung, die das Ende einer Ehe noch immer bedeuten kann. Im vergangenen Jahr entbrannte eine Feuilletondebatte zwischen Süddeutscher Zeitung und ZEIT darüber, ob der Feminismus eigentlich gewollt habe, dass so viele Frauen alleinerziehend seien. Wobei in Deutschland beim Wort »alleinerziehend« stets mitschwingt: finanziell und emotional arm dran. Die Zahl alleinerziehender Väter bleibt seit 20 Jahren in etwa gleich bei 180 000, die Zahl alleinerziehender Mütter hat sich seit 1996 um 300 000 auf 1,45 Millionen erhöht. Alleinerziehend heißt nicht zwangsläufig einsam und unzufrieden. Es ist jedoch sehr selten eine frei gewählte Lebensform. Als Triumph übers Patriarchat dürften die wenigsten betroffenen Frauen diese Entwicklung empfinden. Ihre Glücksträume waren ganz sicher andere.

Auch wenn die Ehe weder als zwingend noch als allein selig machend betrachtet wird: Sie ist in Deutschland ein mächtiges Leitbild und ein wirkungsvolles Glücksversprechen geblieben. Überzeugt-Verheiratete beugen sich seufzend über den Mikrozensus und sorgen sich um den Fortbestand der Kultur, wenn nur noch 70 Prozent und nicht mehr wie vor 20 Jahren 81 Prozent der Kinder bei ihren verheirateten Eltern aufwachsen. Unverheiratete oder Nicht-mehr-Verheiratete stöhnen hingegen darüber, dass sie trotz gesellschaftlicher Veränderungen noch immer als defizitäre Wesen betrachtet werden, denen ein Mr. oder eine Ms. Right fehlt. Der Druck kommt nicht allein von der katholischen Kirche, sie ist kaum noch druckfähig.

»Alleinsein ist nichts für Feiglinge«, seufzte kürzlich meine Freundin. Sie ist kampferprobt und feministisch, aber in manchen Kämpfen mache es einfach mehr her, wenn man einen Kerl an seiner Seite habe, sagt sie. Wohlgemerkt: Wir sprechen über Erfahrungen des Jahres 2015, nicht über das Jahr 1955. Dass Ehe glücklich macht, würde meine Freundin nach zwei Scheidungen nicht behaupten, aber zumindest nach außen sehen Paare oft stärker aus als einer allein. Auch das kann ein Grund dafür sein, dass Ehen halten, selbst wenn sich die Glücksträume nicht ganz erfüllen.

Der Liedermacher Rainald Grebe, ein Kenner urbaner Beziehungsneurosen, hat 30-jährigen Pärchen einen Song gewidmet. Darin ätzt er, wie die vielen Kinder vom Prenzlauer Berg zustande kommen: »Dirk findet Uschi sehr öde, er hat sich dran gewöhnt/Wann hab ich mich das letzte Mal nach dieser Frau gesehnt?/Wie lange wir wohl noch zusammen sind?/Na, wir machen Schluss oder ein Kind.« Die Generation der Glücksoptimierer kann sich nicht mit dem Schicksal abfinden, aber mit einem hart erarbeiteten Halbwegs-Glück einrichten.

Vermutlich würden sich Dirk und Uschi gegenüber Demoskopen als »total happy« ausgeben. Es wäre ihnen peinlich zuzugeben, dass das, was sie für eine emotionale Maßanfertigung hielten, eben doch eine Zwei- und Dreisamkeitskonvention ist, aus der sie – die Individualisten – nur schwer rauskommen.

Wie wirksam der gesellschaftliche Druck in Richtung Ehe ist, macht sogar das meinungsforschungsgestählte Institut für Demoskopie in Allensbach staunen. Laut einer 2015 veröffentlichten Umfrage zu Familienbildern im deutsch-französischen Vergleich sagen 70 Prozent der Deutschen, eine Ehe sei für die Elternschaft unwichtig; 20 Prozent finden sie wünschenswert, aber nicht wirklich bedeutsam. Aber immerhin 29 Prozent der unverheirateten Frauen sagen, sie hätten noch keine Kinder, weil sie nicht verheiratet seien. »Die faktische Bedeutung der Eheschließung ist für viele weiterhin beträchtlich«, schließen die Experten daraus. Was die Umwelt als wünschenswert signalisiert, beeinflusst wiederum die individuelle Vorstellung von Glück und Zufriedenheit. Auch Individualisten wollen nicht allein sein.

Das Zerbrechlichkeitsszenario namens Ehe ist derzeit künstlerisch mindestens so interessant wie die Korsett-Ehe früherer Zeiten. Der Traditions-Traualtar-Kitsch der Fünfziger ist verstummt, die Anti-Traualtar-Kampfrhetorik der 60er- und 70er-Jahre leiser geworden.

Was übrig blieb von den alten Himmel- und Höllenfantasien, zeigt zum Beispiel der Roman »Die Glücklichen« aus dem Jahr 2015. Die Autorin Kristine Bilkau erfasst darin präzise die typische Mittelschichts-Mischung aus Vernunft- und Gefühls-Ehe. Das Paar – er Journalist, sie Cellistin – lebt in einem Berliner Altbau. Ihr gemeinsamer Sohn bekommt Bio-Brei. Die Mutter hat das Leitungswasser, mit dem sie den Brei anrührt, auf Schadstoffe prüfen lassen. Als der Medienmann und die Musikerin etwa zur gleichen Zeit arbeitslos werden, kriselt die Ehe. Sie pflegt ihre Angst, er verfällt in Aktionismus und erwägt einen Umzug aufs Land. Sie werden einander fremd, finden aber zaghaft wieder ein gemeinsames Leben. Hätten sie ohne Ehe zueinander gehalten? Hätten sie ohne den festen Rahmenvertrag einen Weg aus der Krise gefunden? Das Buch lässt die Antwort in der Schwebe.

Auch der Kinofilm »Eltern« stellt unterschwellig diese Fragen. Die Handlung: Christine arbeitet Vollzeit als Ärztin, Konrad hat sich jahrelang um die beiden Kinder gekümmert. Als er wieder in seinen Beruf als Theaterregisseur zurückkehrt, werden die Streitereien häufiger und die Zärtlichkeiten seltener. Die beiden trennen sich, neue Beziehungen deuten sich an. Am Ende scheint zart auf, dass sie es noch einmal miteinander versuchen. 14 Jahre dauert es durchschnittlich bis zur Scheidung, der Wert ist leicht gestiegen. Vermutlich auch der Wert des Durchhaltens.

Ein triumphales Happy End mit Tusch wie in den Fünfzigern kann es nicht geben, wenn alles drumherum vorläufig ist. Der Soziologe Heinz Bude klagt im »Spiegel« über die 30- bis 45-Jährigen. Diese Generation sei bereit, »sich schnell zu trennen, sobald sie mal jemand anderes kennengelernt hat«. Das In-guten-wie-in-schlechten-Zeiten bereite ihr Probleme. Das stimmt, und trotzdem hat sich zum Traum vom ganz großen, permanenten Glück auch ein kleinerer, resignativ reifer gesellt:

nicht sofort aufgeben, umeinander kämpfen, zueinander zurückkehren. Das ist das aktuell-abgeklärte Eheglück der Erschöpften.

Einst erledigte die Konvention einen Teil der Beziehungsbefestigung. Jetzt muss das Paar sich aus eigener Kraft zwischen persönlichen Hoffnungen und kollektiven Leitvorstellungen bewegen. Es gibt weithin sichtbare romantische Feste zu Beginn und geschäftsmäßige Aushandlungsprozesse im Alltag. Eheglück ist Anstrengung, Arbeit, Abenteuer. Darin liegen Reiz und Risiko.

Geht dieser Balanceakt auf dem Achttausender schief, wirkt ein merkwürdiges Tabu: Über Liebesunglücke spricht man nicht. Scheidungen sind normal geworden, das sagen in Umfragen mehr als zwei Drittel der Deutschen. Selbst wenn sich Paare nach der Silber- oder Goldhochzeit trennen, wundern sich langjährige Weggefährten nur kurzzeitig. Auch Senioren haben schließlich ein Recht auf sexuelle Abwechslung, das weiß der Feuilletonleser spätestens seit dem Film »Wolke 9«.

Gerade weil Scheidung so vertraut ist, sind Liebesschmerz und Trennungstrauer unter Erwachsenen besonders peinlich. Die Nöte von Scheidungskindern schaffen es immer mal wieder auf die Titelseite eines Magazins, der Rosenkrieg eines prominenten Paares auch. Ansonsten beschäftigt das Thema Scheidung die Finanz- und Rechtsratgeberecke. Wer unter einer Trennung leidet, soll das mit sich und seinem Therapeuten ausmachen. Gemeinhin erwartet die Umwelt von Erwachsenen, dass sie souverän mit dieser Situation umgehen. Das heißt: Contenance bewahren, so tun, als sei nichts gewesen, sofort bereit sein für den Neuanfang.

Es gibt eine gesellschaftliche Erwartung in Richtung Ehe, es gibt aber auch einen gesellschaftlichen Druck in Richtung

Post-Ehe-Verhalten. Enttäuschung, Wut und Angst sollen die Betroffenen für sich behalten. Stars präsentieren unmittelbar nach der Trennung eine neue Liebe. Madonna, Heidi Klum und Sylvie Meis geben die Schlagzahl vor. Neuer Haarschnitt, neue Klamotten, fertig ist das neue Leben.

Die katholische Kirche hat, wie in den vorangegangen Kapiteln gezeigt, ihr Lehramt lange gegen die Wirklichkeit abgedichtet. Wer kreuzunglücklich in der Ehe ist, soll das Kreuz klaglos tragen. Nicht minder Lebensfernes lehren Lifestylemagazine. Ihre Idee, man könne sich nach dem Ende einer Ehe einfach ein neues Lebensmodell aus dem Katalog aussuchen, hat mit der Erfahrung der meisten Menschen nichts zu tun. Gemeinsame Jahre, zerplatzte Träume, Betrug und Verletzungen lassen sich nicht gut verpackt zurückschicken wie ein falsch bestellter Artikel. Dass der Ex-Partner zum besten Freund wird und dessen neue Flamme einem gar nichts ausmacht, kommt auch eher in Daily-Soaps vor als im richtigen Leben.

Im vergangenen Jahr zeigte die ARD am späten Abend eine Reportage über nicht-prominente Geschiedene, die der Realität näher kommt. Die Betroffenen im Film suchen Heilung im Fallschirmspringen, in einer Scheidungsparty und sogar in einem Gottesdienst für Geschiedene. Scheiden tut weh, immer noch.

Es ist in Mode, von der Vielfalt der Lebensentwürfe zu schwärmen, so als ginge es um Artenvielfalt, die bewahrt werden muss. Diese Sprache verkleistert, dass manche Familienformen das Ergebnis eines schmerzhaften Prozesses sind. Es liegen keine Zahlen darüber vor, wie viele Frauen und Männer nach dem Ende einer Ehe tatsächlich ein neues Glück finden. Nicht die Statistik, aber die Romantik legt nahe: Jedem Anfang wohnt auch Trauer inne.

»Scheidungen werden im Himmel beschlossen«, giftet Oscar Wilde. Eine Scheidung als großes Glück, als Triumph der Freiheit über das Joch? Eine Scheidung kann eine Befreiung sein. Gewalt in der Ehe kommt weiterhin vor. Prügel vom Partner oder – seltener – von der Partnerin ist ein höchst schambesetztes Thema. Sie zu ertragen ist ein noch größeres Tabu. Auch Machtgefälle bestehen noch immer, auch wenn in Umfragen die überwältigende Mehrheit der Deutschen von Liebe und Gleichberechtigung schwärmt. Doch die Freiheits- und Feierstimmung der Siebziger nach dem Ehe-Aus – endlich erlöst! – ist dahin. Heute ist eine Scheidung weder ein Anlass für pathetische Partys noch eine Normalität, die schulterzuckend hingenommen wird, weil die neue Liebe ohnehin bald um die Ecke biegt.

Sie ist keine gesellschaftliche Schande mehr. Sie ist – vielleicht schlimmer – ein persönliches Scheitern: Ich habe es nicht geschafft. Ich habe den Partner nicht genau genug ausgesucht. Ich habe nicht alle Beziehungstipps beherzigt. Ich habe nicht entschieden genug gekämpft. Ich habe versagt. Ich bin ein Minderleister der Liebe. Unglück gilt als Schuld, nicht als Schicksal. Die katholische Lehre hat eine brutale Seite. Die säkulare Glückslehre kann genauso herzlos sein.

Wegen Emil seine unanständige Lust: Ehe und Erotik

Für Katholiken ist Sex Sünde, für Protestanten Arbeit. Komischerweise suchen bis heute Frauen in katholischen Ländern wie Italien Männer nach sexueller Anziehungskraft aus, während im protestantisch beeinflussten Deutschland sogar die Katholikinnen weniger die erotische als die finanzielle Potenz der Bewerber für ausschlaggebend halten.

Die Kirchen beschäftigen sich traditionell viel mit Sexualität, wahrscheinlich auch deshalb, weil ihre Ratschläge eher schlecht als recht befolgt werden. Die Praxis sieht nicht erst seit 1968 anders aus, als die Theorie es will. In der frühen Neuzeit zum Beispiel stehen Katholiken in dem Ruf, eher »säuisch« als augustinisch rein zu sein. Italienische Städte sehen sich genötigt, öffentlichen Geschlechtsverkehr in Kirchen und auf Friedhöfen zu verbieten. Die legendären »römischen Huren« gehen mit ihren Freiern erst beichten, um hernach wieder zu sündigen. Protestanten dagegen haben zwar einen Luther, der offen die

Lust preist, allerdings die zwischen Verheirateten. Seine Anhänger rühmen sich öffentlich der Reinheit der Seele und des Leibes. Auf die triebgesteuerten Katholiken blicken sie herab, denn die schaffen es nicht, Sexualität der ehelichen Beziehungspflege vorzubehalten.

Derart interkonfessionell pikante Beobachtungen versammelt der – katholische – Theologe Arnold Angenendt in seinem Buch »Ehe, Liebe und Sexualität im Christentum«. Er geht weitaus akribischer vor, als ich es in diesen Ehe-Betrachtungen leisten kann. Doch es dürfte keine unzulässige Zuspitzung sein, wenn ich aus seinen Beobachtungen schließe: Weder Kirchenväter noch Reformatoren haben das Paarungsverhalten ihrer Zielgruppe vollständig beeinflussen können. Versucht haben es alle, gelungen ist es erst, als im Jahrhundert der Prüderie der weltliche Zeitgeist den Keuschheits-Predigern zur Hilfe eilt.

Was haben zölibatär lebende Männer überhaupt in den Betten der Gläubigen zu suchen? Das fragen wir heute vorwurfsvoll, wenn Bischöfe in Synodenaulen zusammensitzen. Soll das Intimleben nicht jedem selbst überlassen sein?

So einfach ist es wiederum nicht. Sexualität ist keine Privatsache. Sie ist, um den Ethnologen Christoph Antweiler zu beleihen, »individuell interessant und gesellschaftlich folgenreich«. Schaut man in die Geschichte – in die kirchliche wie in die weltliche –, dann wird Sexualität nie allein den Wünschen der Beteiligten überlassen. Sexualität wirft die Machtfrage auf. Michel Foucault, wer sonst?, zeigt in seinem Klassiker »Sexualität und Wahrheit«: Wer Autorität beansprucht, will auch bestimmen, wer mit wem zu welchem Zweck verkehren darf – und wer nicht. Moral ist Macht.

Die Vorstellung, dass Sexualität allein in die Ehe gehört und nur der Fortpflanzung dient, wird vor allem mit der katholischen Moral verbunden. Tatsächlich aber hat die Kirche darauf weder das Monopol noch das Patent. Nirgends auf der Welt schlafen Menschen ausschließlich deshalb miteinander, um Kinder zu bekommen, gerade deshalb müssen sie in Ehe-Gesetzeswerken zur Reproduktion ermahnt werden.

Sexualität hängt zu allen Zeiten mit Kontrollverlust und Kontrollbegehren zusammen. Ethnologen wissen das, Theologen fürchten es. Religionen versuchen, dem Begehren eine Berechtigung und eine Begrenzung zu geben. Sowohl das Judentum als auch der Islam unterscheiden zwischen erlaubter und nicht erlaubter Sexualität. In beiden Weltreligionen ist Geschlechtsverkehr nur mit der oder den Ehefrauen gut. Die Ehe sichert Nachkommenschaft und Besitz, sie schafft klare Verhältnisse. Für beide Religionen spielt vor allem die Reinheit der Frauen eine Rolle. Im orthodoxen Judentum ist für Frauen kurz vor der Hochzeit das Mikweh vorgesehen, ein reinigendes Tauchbad. Geschlechtsverkehr mit einer unreinen Frau ist jüdischen Männern verboten. Im Islam wird die Jungfräulichkeit der Braut erwartet, die Enthaltsamkeit des Mannes vor der Ehe nicht, neben der Ehe schon. Es gilt als Ausweis der Männlichkeit, wenn er sich vorher ausprobiert hat.

Sowohl Judentum als auch Islam attestieren dem Begehren einen eigenen Wert. Ein jüdischer Mann soll seine Frau sexuell befriedigen, dieses Versprechen steht auf derselben Stufe wie ehren, ernähren und bekleiden. Erotik gehört zur Ehe und muss nicht, anders als lange Zeit im Christentum, mühsam mit höheren Zwecken entschuldigt werden. Der orthodoxe Rabbi und Buchautor Shmuley Boteach bringt in einem provokant-lebensnahen Artikel für die »Jüdische Allgemeine« die jüdische Erotik gegen die christliche Liebe in Stellung. Er schreibt: »Die hebräische Bibel empfiehlt, eine Ehe auf der Grundlage von sinnlicher Begierde aufzubauen – anders als das Neue Testament, das die Rolle der Liebe betont.«

Im Islam ist der Blick auf die weibliche Lust von mehr Misstrauen bestimmt. Für den Mann vermittelt das fromme, gottesfürchtige Begehren einen Vorgeschmack aufs Paradies.

Religionen treffen sittliche Urteile; sie unterscheiden in Gut und Böse. Dem Staat – oder seinen Vorläufern – ist das Geschlechtsleben der Untertanen oder Bürger ebenso wenig gleichgültig. Die Suche nach der guten Ordnung eines Gemeinwesens führt große Denker regelmäßig in die Regionen jenseits von Vernunft und Verstand, ins Reich von Begehren und Lust. Ist es besser, dem Begehren nachzugeben oder keusch zu bleiben? Diese Frage treibt frühchristliche Denker um, viele tendierten in Richtung Keuschheit. Antike Philosophen verabreichen dem Eros zwar kein Gift, aber Sedativa. Platon hat der Liebe jenseits der Triebe seinen Namen gegeben. Er unterscheidet in höhere und niedere Lüste, wobei das Begehren zu den niederen zählt. Wer sich beherrschen kann, erlangt seiner Ansicht nach eine höhere Form der Liebe.

Weder im Griechenland Platons noch im antiken Rom ist die Verbindung zwischen Sexualität und Ehe selbstverständlich. Männer – vor allem die der Oberschicht – dürfen sich von schönen Körpern angezogen fühlen, seien sie männlich oder weiblich. Dass Frauen derart aktiv werden, ist jenseits der Vorstellungskraft. Zur männlichen Vorherrschaft gehören »Sex mit der eigenen Frau, mit Prostituierten, mit unbekannten Frauen, mit den eigenen Sklaven oder Sklavinnen oder mit einer Frau, mit der man intim bekannt ist«, schreibt der Althistoriker Robert Knapp in seiner römischen Alltagsgeschichte.

Von Platons Höhenflügen zu unterscheiden ist die Argumentation der Stoiker. Für sie muss die Sexualität gezügelt, aber nicht völlig überwunden werden. Geschlechtsverkehr ist in ihren Augen vertretbar, wenn er der Fortpflanzung dient. Augustinus bewegt sich mit seinen Ideen in guter philosophischer Gesellschaft.

Aus allen Jahrhunderten gibt es Gedichte, die Erotik und Lust preisen, und in allen Jahrhunderten gibt es Warnungen vor der körperlichen Geisteskrankheit namens Begierde. Es fällt leicht, Ovids Liebeskunst noch immer gut und modern zu finden und die Warnungen und Reglementierungsversuche als böse und gestrig zu verlachen. Stellt man sich aber den früheren Alltag vor, wird der Blick auf manche strenge Regel milder.

Sex außerhalb der Ehe als Menschenrecht zu betrachten, ist eine sehr heutige, verzerrte Sicht. Eine Frau um 1500 wäre kaum auf die Idee gekommen, sexuelle Selbstbestimmung als Recht einzufordern. Sex ist vor allem ein Risiko. Gewalt und Zwang kommen häufig vor; falls doch Respekt und Einvernehmen vorhanden gewesen sein sollten, bleibt es gewagt, mit einem Mann zu schlafen. Wird die Unverheiratete schwanger, drohen Schande und Strafe: Wenn der Mann seine Hochzeitszusage nicht einhält, ist die Frau entehrt, nicht der Wortbrüchige.

Für eine Ehe muss der Bräutigam Vermögen nachweisen, die Braut braucht eine Aussteuer. Die Ehe ist für weite Teile der Bevölkerung – für Mägde, Knechte, Gesellen – wegen mangelnden Eigentums unerreichbar. Doch Begehren hängt nicht vom Besitz ab. Wohin mit der Lust, wenn sie nicht in der Ehe gestillt werden kann? »Der Sexualdruck richtete sich in den Unterschichten gegen Frauen um die Mitte der Zwanzig, zu 80 Prozent gegen Dienstmägde«, schreibt der Kirchenhistoriker Arnold Angenendt. Arme Frauen sind Objekte der Triebabfuhr, sowohl für ihre Dienstherren als auch für die ehe-unwürdigen Knechte. Werden sie schwanger, galt das als strafwürdiges Verbrechen.

Dass Sexualität nur in der Ehe gutgeheißen wird, lässt sich auch als Versuch lesen, die Männer zu zivilisieren. Allerdings schützt die Verknüpfung von Sexualität und Ehe eine Frau nicht davor, Objekt männlicher Herrschaft zu sein. Die Ehe ist körperlich riskant, auch ohne Gewalt. Verheiratete Frauen werden häufiger schwanger als unverheiratete. Die Wahrscheinlichkeit, im Kindbett zu sterben, ist hoch. Frausein an sich ist ein gefährlicher Zustand. Verglichen mit dem Dasein als Ehrlose und Freiwild, ist das Leben als Ehefrau weniger schändlich, jedoch genauso gesundheitsgefährdend.

Mit der Aufklärung kommt der Gedanke vom Menschen als vernünftigem Subjekt in die Welt. Das Nachdenken über den Einzelnen verändert auch die Deutung der Zweisamkeit. Der Philosoph Immanuel Kant macht sich im 19. Jahrhundert grundlegende Gedanken über den tieferen Sinn der Ehe. Ist sie wirklich nur dazu da, Besitz und Begierde in geordnete Bahnen zu lenken? Religiöse Tradition zählt für ihn nicht, Kant sucht nach der vernünftigen Begründung der Ehe. Seine Definition in der »Metaphysik der Sitten« fällt unsentimental aus: Eine Ehe ist demnach »eine Verbindung zweier Personen verschiedenen Geschlechts zum lebenswiedrigen wechselseitigen Besitz ihrer Geschlechtseigenschaften«.

Sexualität gibt es zwar auch ohne Ehe, vernünftig ist dieses jedoch nicht. Vernünftig wird der »wechselseitige Gebrauch der Geschlechtsorgane« erst durch den »Vertrag zweier freier Subjekte«. Zur Ehe gehört also, wie in der christlichen Lehre, der freie Wille der Gatten. Den Gedanken, dass die Ehe vor allem auf Nachkommen ausgerichtet sein soll, verwirft Kant: »Der Zweck, Kinder zu erzeugen und zu erziehen, mag immer ein

Zweck der Natur sein, zu welchem sie die Neigung der Geschlechter gegeneinander einpflanzte; aber dass der Mensch, der sich verehelicht, diesen Zweck sich vorsetzen müsse, wird zur Rechtmäßigkeit dieser seiner Verbindung nicht erfordert; denn sonst würde, wenn das Kinderzeugen aufhört, die Ehe sich zugleich von selbst auflösen.«

Begierde und Hin-Gabe machen den Menschen aus Kants Sicht zu einer Sache, einem Ding. Besteht aber ein Vertrag zum wechselseitigen Geben und Nehmen, dann gewinnt jeder seine persönlichen Rechte zurück. Monogamie ist rational begründbar, weil sie das Tauschverhältnis eins zu eins garantiert. »In einer Polygamie gewinnt die Person, die sich weggibt, nur einen Teil desjenigen, dem sie ganz anheimfällt, und macht sich also zur bloßen Sache«, argumentiert der Philosoph.

Die Ein-Ehe entspricht der Vernunft, lehrt Kant. Sie ist der sittliche Ort für Sexualität, lehrt die Kirche. Sie kann romantisch sein, lehren die Schriftsteller. Das wichtigste Buch zur Ehe aber schreiben weder Philosophen noch Päpste noch Literaten. Es wird von Juristen verfasst: Das Bürgerliche Gesetzbuch von 1900 schafft erstmals in Deutschland einen einheitlichen Rahmen. Die christliche Prägung – katholisch wie evangelisch – ist erkennbar, zugleich aber auch der aufklärerische Vertragsgedanke.

Was den Zusammenhang zwischen Ehe und Sexualität, Ehre und Schande anbetrifft, bringt das umfängliche Werk einen Wandel. Im sogenannten Kranzgeld-Paragrafen mit der Nummer 1300 heißt es: »Hat eine unbescholtene Verlobte ihrem Verlobten die Beiwohnung gestattet, so kann sie, …, auch wegen des Schadens, der nicht Vermögensschaden ist, eine billige Entschädigung in Geld verlangen.« Geschlechtsverkehr ohne anschließende Ehe kann für den Mann teuer werden. Das

Werk ist durchdrungen von patriarchalischem Denken; immerhin wird aber in diesem Punkt – Beiwohnung vor der Ehe – der Schaden nicht mehr allein auf die Frau abgewälzt.

Das bürgerliche Gesetzbuch regelt in mehreren Hundert Paragrafen detailliert, wer eine Ehe eingehen darf, wie sie formal korrekt geschlossen und unter welchen Bedingungen sie gelöst werden kann. Sie braucht eine öffentliche Bekundung des Ehewillens, vor einer Amtsperson und in Gegenwart von zwei Zeugen. Das Mindestheiratsalter wird für Männer auf 21, für Frauen auf 16 festgesetzt. Die Eheberechtigung ist vom Besitz unabhängig, dennoch nimmt das Thema Gütergemeinschaft einen breiten Raum ein. Ehehindernisse sind vor allem zu nahe Verwandtschaftsgrade und eingeschränkte Rechtsfähigkeit.

Hat einer der Gatten schon ein uneheliches Kind, so verstößt das um 1900 gegen Konventionen, gegen das Recht verstoßen Zeugung und Schwangerschaft ohne Trauschein nicht mehr. Klar wird nach Lektüre der entsprechenden Absätze allerdings: Uneheliche Kinder sind unerwünscht, sie werden gegenüber ehelichen benachteiligt. Das Heiratsrecht soll Sexualität und ihre Folgen in geordnete, bürgerliche Bahnen lenken.

Was juristisch in nüchterner Sprache geregelt wird, bleibt gesellschaftlich ein Skandal: *Für Adelige* bedeutet eine Schwangerschaft ohne Ehe eine »Katastrophe«, schreibt Monika Wienfort in ihrem Buch »Verliebt, verlobt, verheiratet«. Sie gelten bei der Brautwerbung nicht mehr als anständige Partien. Arbeiterfrauen verlieren ihre wirtschaftliche Existenz, wenn sie »in Umständen« sind. Vor der Entbindung steht oft die Entlassung aus sittlichen Gründen. Im Rheinland firmieren uneheliche Kinder als »Malheurchen«, das Spiel mit dem französischen Wort für Unglück ist nicht nur ironisch gemeint.

Sexualität ohne Ehe ist zu Beginn des 20. Jahrhunderts

rechtlich weniger problematisch als geschlechtliche Aktivität außerhalb der Ehe: Paragraf 1312 verfügt: »Eine Ehe darf nicht geschlossen werden zwischen einem wegen Ehebruchs geschiedenen Ehegatten und demjenigen, mit welchem der geschiedene Ehegatte den Ehebruch begangen hat, wenn dieser Ehebruch in dem Scheidungsurteil als Grund der Scheidung festgestellt ist.« Eine Befreiung von dieser Vorschrift ist zwar möglich, die moralische Vorgabe ist jedoch klar. Ehebruch lohnt sich nicht, weil man die Geliebte oder den Geliebten ohnehin nicht heiraten darf.

Die Scheidung wird den Bürgern schwer gemacht, sie soll eine absolute Ausnahme bleiben. Die Gründe müssen schwerwiegend sein. Und wieder hat Sexualität großes Gewicht: Unzucht, also Geschlechtsverkehr außerhalb der Ehe, wird als Scheidungsgrund anerkannt, homosexuelle Handlungen des Partners auch. Letztere sind zudem nach Paragraf 175 strafrechtlich relevant. Ein Ehegatte kann auf Scheidung klagen, »wenn der andere Ehegatte durch schwere Verletzung der durch die Ehe begründeten Pflichten oder durch ehrloses oder unsittliches Verhalten eine so tiefe Zerrüttung des ehelichen Verhältnisses verschuldet hat, dass dem Ehegatten die Fortsetzung der Ehe nicht zugemutet werden kann«. Zur Pflichtverletzung zählen schwere Misshandlungen, körperliche Züchtigung der Gattin wird schweigend geduldet. Erst 1997 wird Vergewaltigung in der Ehe strafbar.

Auch wenn das Bürgerliche Gesetzbuch weniger rigoros anmutet als die katholische Lehre, ist zu Beginn des 20. Jahrhunderts die sittliche Norm in Deutschland eindeutig. Sexualität braucht Ordnung und der ordentlichste Ort ist die Ehe. Diese Ordnungsliebe überragt sehr konkret die damals propagierte Liebe zur Natur. Als Vater eines Kindes gilt, wer zum Zeitpunkt der Empfängnis mit der Mutter verheiratet ist. Der biologische Vater ist rechtlich unerheblich.

Religiöse Vorgaben sind in den Jahrhunderten zuvor strikt, aber – Stichwort »säuische Katholiken« – teilweise an der Basis wirkungslos. Die bürgerlichen Anstandsgebote hingegen wirken in breite Bevölkerungsschichten hinein, auf Christen wie Nicht-Christen. Anstandsdamen predigen päpstlicher als der Papst. Das Reden über Sexualität gilt als unschicklich und obszön, der Vorgang selbst erst recht. Die Verrechtlichung reduziert Sexualität auf eine Verrichtung, die Prüderie auf eine Peinlichkeit, die Bevölkerungspolitik auf eine Pflicht. Queen Victoria rät jungen Frauen für die Hochzeitsnacht: »Schließ die Augen und denk an England!«

Sittlichkeit und Sinnlichkeit sind im bürgerlichen Schlafgemach nicht gemeinsam zu haben, die Künstler verachten den bürgerlichen Bund dafür. Honoré de Balzac beschreibt in seiner scharf beobachteten »Physiologie der Ehe« von 1829 das Schlafzimmer als Brutstätte weiblicher Aversion. Frauen entwickelten dort eine tiefe Antipathie gegen den Herrn im Haus, Männern käme die Lust auf die eigene Gemahlin schnell abhanden. »Jedes Eheleben hört im Bett auf«, spottet Balzac.

Knapp 100 Jahre später inszeniert auch die Populärkultur der Roaring Twenties die treu sorgende Gattin als Gegenteil der begehrenswerten Geliebten. Ehe wird in den Künsten gleichbedeutend mit erotischem Ennui, keine Spur mehr von der romantischen Schwärmerei eines Friedrich Schlegel. Claire Waldoff, Kabarett-Star der Berliner Szene, wehrt sich mit emanzipatorischem Eifer gegen das Elend im Ehebett. Sie karikiert den zwischen Bürgerlichem Gesetzbuch und unbürgerlicher Geilheit hin- und hergerissenen deutschen Ehemann. Über »Emil seine unanständige Lust« singt sie: »Mein Emil, der meckert mir so breejenklütrich an,/mein Emil, der hat keene Scham./Mein Emil, der sacht mir, du, ick bin doch nu dein Mann,/Und ick möchte von die Ehe ooch wat ham./Ick möchte dir hübscher und niedlicher/Mit eenem Wort – appetitlicher,/Dann würde ick mir viel mehr amüsier'n./Jeh zum Doktor, sagt er, lass dir operier'n.«

Emil hofft auf die aphrodisierende Wirkung der plastischen Chirurgie. Wesentlich wirkmächtiger wird jedoch bald eine andere Wissenschaft: Die Psychoanalyse bringt völlig neue Erkenntnisse zur Sexualität. Freud entdeckt das libidinöse Verhältnis zur Mutterbrust. Er thematisiert den Kastrationsschock beim Anblick der weiblichen Geschlechtsorgane – allein eine solche Wortwahl provoziert in prüden Zeiten. Freud sieht in den Religionen allenfalls kindliche Trostkonstrukte, die rigorose kirchliche Sexualmoral und die gesellschaftliche Verklemmtheit macht er als Ursache zahlreicher psychischer Erkrankungen aus. Die Seelenkunde fordert die Seelsorger heraus: Wer wollte nach der Lektüre seiner Schriften noch glauben, dass diese Kraft mit Keuschheitsgelübden oder Ehe-Verträgen ein Leben lang kontrolliert werden kann?

Die Bücher von Sigmund Freud werden 1933 verbrannt. Der Psychoanalytiker ist Jude, zudem gilt seine Seelen-Wissenschaft als zersetzende Kraft am deutschen »Volkskörper«. Das NS-Regime selbst durchsetzt die bürgerlichen und kleinbürgerlichen Ehe-Vorstellungen mit seiner Ideologie. Äußerlich unterscheiden sich die Hochzeiten kaum von denen in der Weimarer Republik, abgesehen davon, dass die Jungvermählten nun »Mein Kampf« geschenkt bekommen. Im Bewusstsein der breiten Bevölkerung wirkt das Ehe-Ideal des 19. Jahrhunderts von Sittsamkeit und Treue weiter. Eine Abfolge von ehepolitischen Gesetzen definiert aber den Bund fürs Leben zu einem

Bund gegen das vermeintlich lebensunwerte Leben um: Die Ehe wird zu einer rassischen Reproduktionsgemeinschaft, die Ariern vorbehalten ist.

Die NS-Elite lebt sexuell freizügig. Für ausgewählte Volksgenossen wird der durch Religion und Tradition eingeübte Imperativ »Kein Sex außerhalb der Ehe« außer Kraft gesetzt. Das vormals Unsittliche verwandelt sich in eine sittliche Pflicht. Im Oktober 1939 ergeht der berüchtigte Zeugungsbefehl: »Über die Grenzen vielleicht sonst notwendiger bürgerlicher Gesetze und Gewohnheiten hinaus wird es auch außerhalb der Ehe für deutsche Frauen und Mädel guten Blutes eine hohe Aufgabe sein können, nicht aus Leichtsinn, sondern aus tiefem sittlichen Ernst Mütter der Kinder der ins Feld ziehenden Soldaten zu werden, von denen das Schicksal allein weiß, ob sie heimkehren oder für Deutschland fallen werden«, verfügt SS-Chef Heinrich Himmler.

Meine beiden Großväter waren Soldaten. Als sie aus der Kriegsgefangenschaft zurückkehren, werden sie erwartet. Ihre Frauen weinen, als sie die Männer sehen. Vor Freude, vor Erleichterung und wohl auch ein bisschen vor Angst. Sie fragen bang: Ob diese ausgemergelten, entkräfteten Gestalten wieder das Oberhaupt werden, das sie in einer gut katholischen Familie nun einmal zu sein haben? Eine meiner Großmütter bekommt im Hungerjahr 1947 ihr letztes, ihr siebtes Kind. Mit 42. Das Ehe-Leben geht weiter, als sei fast nichts gewesen. »Mein Kampf« landet im Plumpsklo.

Einige Ehen aus dem Freundinnenkreis meiner Großmutter hat der Krieg geschieden. Manche stehen mit ihren im Fronturlaub gezeugten Kindern alleine da. Jahrzehnte später, wenn die Damen auf Familienfesten ein paar Eierlikörgläschen zu viel geleert haben, erzählen sie davon, wie ihnen hoch angesehene, verheiratete Männer des Dorfes in jenem Winter 47 Brot gegen Sex in der Scheune anboten. Junge, alleinerziehende Kriegerwitwen gelten als Freiwild wie die entehrten Frauen früherer Jahrhunderte.

Ich höre den Schilderungen irritiert zu. Bis dahin haben mir die Damen immer nur von einer Vergangenheit erzählt, in der es züchtig zuging. Küssen sich zwei im Fernsehen und ich sitze davor, macht meine Oma den Apparat aus. Dass das Fernsehen überhaupt so Schlimmes zeigt, lasten sie und ihre Freundinnen »den nackten Studenten mit den langen Haaren« an.

Sind die Tanten nüchtern, geht in ihren Erzählungen die Nazi-Zeit in ihren Erinnerungen meist unmittelbar ins goldene Jahrzehnt der Ehe über, ohne die wilden Nachkriegsjahre. 1946 steigt die Quote der unehelichen Kinder auf 16,4 Prozent, die Kirchen protestieren gegen den Sittenverfall. Vom Unfassbaren wechseln fast alle schnell ins Aufgeräumte mit exaktem Knick im Zierkissen auf dem Doppelbett.

Dass dies mehr als meine Privatempirie ist, zeigt die Historikerin Dagmar Herzog in ihrem Buch über die »Politisierung der Lust«. Sie deutet den Rückzug ins gut sortierte Eigenheim als Verleugnung der Mitverantwortung am Massenmord. Man will wieder im Kleinen anständig sein. Die alten Tanten meiner Familie idealisieren Ehe und Jungfräulichkeit. Sie hören Höllenpredigten gegen Onanie und unkeusche Gedanken, sie fragen sich vor der Beichte, ob sie unehrbare Teile ihres Körpers berührt haben. Sie erschauern vor der Todsünde der Wollust. Aber es blitzt bei aller Scham Jahrzehnte später ein Rest des sexuellen Durcheinanders zwischen Nazi-Zeit und Nierentisch auf. Als der Privatsender »Sat 1« in den 1980er-Jahren samstagsabends nach Peter Steiners Theaterstadl die »Liebesgrüße aus der Lederhose«-Filme sendet, machen die Marienverehrerinnen den Apparat nicht aus, wenn sie unter sich sind. Immer bleibt diese Ahnung spürbar, dass Wohlanständigkeit fürs Wohlbefinden zu wenig sein kann.

Meine Eltern haben einen Teil ihrer Kindheit im Luftschutzkeller verbracht. Sie gehören zu jener Altersgruppe, die der Ehe im Nachkriegsdeutschland ein Boom-Jahrzehnt bescherte. Man heiratet mit Anfang 20, ältere Bräute gelten als »spätes Mädchen«. Neunzig Prozent der Erwachsenen sind in den Fünfzigern verheiratet. Heute sind es gerade mal 55 Prozent. Die Hochzeit genügt damals der Konvention, aber Liebe oder wenigstens Verliebtsein soll auch mit im Bunde sein. Vor der Ehe wird ein bisschen mehr ausprobiert als zu Beginn des Jahrhunderts. Fünfmal vorehelichen Sex habe er als junger Mann gebeichtet, erzählt mir ein rheinischer Hallodri viele Jahrzehnte später. Und fügt hinzu: »In Wirklichkeit waren es nur dreimal, aber so hatte ich noch zweimal gut.« Ein Schäferstündchen vor dem offiziellen Ersten Mal, das geht, dauerhaftes Zusammenleben gilt als Konkubinat.

Kürzlich sagte mir eine ältere Dame nach einem Vortrag über Ehe und Familie: »Frauen tun heute gut daran, mit ihrem Freund erst einmal zusammenzuziehen. Sonst kauft man den Kater im Sack.« Insgeheim dürften sich in den 1950er-Jahren manche unerfahrene Jungverheiratete nach der Hochzeitsnacht gefragt haben, ob sich dafür die ganze Geheimnistuerei gelohnt hat.

Die Qualität des Liebeslebens wird zunehmend zum Thema, erst heimlich, dann öffentlich. Damit befasst sich sogar die hohe Gerichtsbarkeit. 1966 verbietet der Bundesgerichtshof in einem legendären Urteil, dass Frauen die Erfüllung der ehelichen Pflicht gelangweilt ertragen. Dem Richterspruch geht die Klage eines Ehemanns voraus. Seine Frau habe ihm erklärt, sie empfinde nichts beim Geschlechtsverkehr und sei imstande, dabei Zeitung zu lesen. Den ehelichen Verkehr empfinde sie als »Schweinerei«. Sie habe sich sogar bereit erklärt, ihm Geld fürs Bordell zu geben.

Der höchstrichterliche Appell an die Opferbereitschaft der Gattin kann die feministische Großbewegung nicht aufhalten. Sexualität wird öffentlich, und sie wird politisch. Normen – staatliche und kirchliche – geraten unter Druck. Autoritäten stehen unter Generalverdacht. Selbstbestimmung, auch im Bett, ist das Ziel.

Doch auch selbstbestimmte Sexualität kommt nicht ohne Autorität aus. Der weltliche Papst heißt in jenen Jahren Oswalt Kolle. Sein Film »Das Wunder der Liebe« von 1968 liefert die Bewegtbilder zum Urteil des Bundesgerichtshofs, es ist eine Art Ehe-Elendsreport: Der männliche Protagonist wirkt fast animalisch in seiner Lust, die Frau weiß nicht, was Lust überhaupt sein soll. »Du hast Angst vor mir«, sagt er eines Tages zu ihr. Irgendwann betrügt er die sexuell skrupulöse Gattin mit einer freizügigeren früheren Liebschaft. Die Moral von der Geschichte: Stimmt die Qualität im Bett für beide, geht er nicht fremd. Das erinnert an die Ehebruchvermeidungsmoral des Apostels Paulus, nur diesmal angereichert mit Erkenntnissen der Sexualforschung, die ein Frühchrist nicht hatte. Rückblickend wirken Kolles Filme mindestens so skurril wie die keusche Bräuteschule.

Die Frage, die er volkspädagogisch zu beantworten versucht, hat schon Balzac gestellt und ist bis heute virulent: Guter Sex in der Ehe, nein: trotz Ehe – geht das überhaupt?

In den späten Sechzigern schlägt das Prüderie-Pendel ins andere Extrem aus: War das Thema Sexualität vorher in der Öffentlichkeit tabu, so wird es nun zur Erklärung für alles.

Die vulgarisierte Rezeption des Psychoanalytikers Wilhelm Reich, eines Freud-Schülers, nennt bürgerliche Verklemmtheit und kirchliche Ehemoral in einem Atemzug mit dem Faschismus. Eine genauere Betrachtung der NS-Sexualmoral hätte ergeben, dass das Regime in dieser Hinsicht permissiv war. Doch gemäß dem Geist der Zeit erscheint selbst die Shoah als Folge eines Triebstaus. Die Arbeit am Orgasmus wird zum gelebten Antifaschismus. Während sich Oswalt Kolle mit seinen Aufklärungsfilmen an der Ehe-Erhaltung versucht, zielt die politisierte Triebentfesselung auf die Überwindung der Ehe als Keimzelle des Faschismus.

Die ausdrücklich anti-faschistische DDR schafft allerdings die Ehe keineswegs ab. Sie reduziert die staatliche Ehe auf ihren systemrelevanten Kern: Reproduktion und Produktion. Statt des sittlichen Ideals der Adenauer-Ära herrscht eine gemäßigt freizügige Sexualmoral. Die adrette, zugeknöpfte Hausfrau ist politisch unerwünscht, weil die weibliche Arbeitskraft auch außerhalb von Küche und Waschküche gebraucht wird. Das revolutioniert die Geschlechterrolle ohne sexuelle Revolution. Der Psychotherapeut Jürgen Lemke spitzt es in einem Interview mit der Tageszeitung »taz« so zu: »In der Zeit, in der im Westen wilde Debatten geführt wurden, hat man im Osten gevögelt. Nach Italien durfte man auch nicht, da blieb viel Zeit für die angeblich schönste Sache der Welt.« Die Ehe ist für diese Freizeitbeschäftigung nicht notwendig. Bis heute werden im Osten deutlich mehr Kinder nicht ehelich geboren als im Westen.

Mehr als alle Theorien verändert ein Produkt der pharmazeutischen Industrie das Sexualleben: die Pille. Die katholische Kirche kritisiert die Innovation umgehend als Eingriff in den Schöpfungsplan und Angriff auf die Würde der Frau. Der weibliche Körper werde zum allzeit verfügbaren Lustobjekt degradiert, mahnt sie. Die Frauen aber greifen zu, weit häufiger, als Politiker, Kirchenmänner, Soziologen und Sexologen erwartet haben.

In keinem Land der Welt werden heute mehr Kinder geboren als 1960, überall geht die Geburtenrate zurück. Haben Frauen die Möglichkeit, selbst über die Empfängnis zu entscheiden, werden sie seltener schwanger. Religiöse, kulturelle und ökonomische Gegebenheiten beeinflussen zwar die Kinderzahl, aber offenkundig gibt es länder- und kulturübergreifend den Wunsch, Sex vom Kinderkriegen zu entkoppeln, auch wenn die Pille noch nicht jede Region der Welt erreicht hat.

Der Hormonmix im handlichen Format beeinflusst den Alltag von Frauen mehr als alle apostolischen Schreiben und vaterländischen Traktate zusammen. Sie macht das möglich, wovor viele – nicht nur die Kirche – laut gewarnt und wovon noch mehr heimlich geträumt haben: Lust um ihrer selbst willen. Zunächst darf das Präparat in Deutschland nur verheirateten Frauen verschrieben werden. »Freiheit für die Pille!«, fordert 1968 das Magazin »Konkret«. Leserinnen sollen Adressen von Ärzten weitergeben, die auch Ledigen die Pille verschreiben. Das Echo ist überwältigend.

Die Bilanz der »sexuellen Revolution« fällt mit dem Abstand einiger Jahrzehnte zwiespältig aus. Sie hat einerseits Frauen und Männer so frei gemacht, Sexualität neu zu entdecken, ohne Zweck und ohne Zwang. Andererseits ist in der Erlaubt-ist-was-gefällt-Stimmung schon allein die Frage, ob Sexualität nicht doch ethische Grundsätze braucht, unter Spießigkeits- und Faschismusverdacht geraten. Sex wird innerhalb kurzer Zeit von der Sünde schlechthin zum allumfassenden Freiheits- und Glücksversprechen. Jeder mit jedem, jenseits der Institution Ehe und bisweilen auch jenseits der gesetzlichen Altersgrenzen. Sex mit Kindern wird in Teilen des linksalternativen Milieus gesellschaftsfähig. Der Verklemmung der Adenauer-Ära folgt die propagierte Enthemmung.

Der Politikwissenschaftler Franz Walter, des Konservativismus unverdächtig, hat die Päderasten-Lobby in der frühen Phase der Grünen analysiert. Seine Studie ist auch ein Sittengemälde der Siebziger- und frühen Achtzigerjahre. Die Gesellschaft sei sexualisierter, bilanziert Walter, der Alltag der Bürger aber »nicht wirklich erotischer als zuvor«. Der Zwang zur Lust, die Nötigung zum orgiastischen Höhepunkt habe »die von der traditionellen Sexualmoral befreiten Menschen erheblich unter Druck gesetzt und gewissermaßen freudloser gemacht«. Vom Kapitalismus befreit die freie Liebe nicht.

Dem Fußtritt für die alten Sittlichkeits-Autoritäten folgt eine Suche nach neuen Sexual-Instanzen. Der erwähnte Oswalt Kolle ist Ende der 1960er-Jahre eine der populärsten, die Unternehmerin Beate Uhse eine der wirtschaftlich erfolgreichsten. Als Accessoires für die »Ehehygiene« verkauft sie zunächst Reizwäsche, Dildos und Pornos. Später verschwinden Ehe wie Reinlichkeitsversprechen, die Bezeichnung »Sexshop« setzt sich durch.

Als das Privatfernsehen gerade ein paar Jahre alt ist, sorgt eine andere Autorität für Furore: Die Journalistin Erika Berger lehrt in der »Stunde für die Liebe« bei RTL, was geht, und vor allem, wie. Sie spricht über vorzeitige Samenergüsse und multiple Orgasmen. Ein Anrufer trägt ihr den Wunsch an: »Ich möchte gern mit dir schlafen«; sie verzieht keine Miene. Die Medienaufsicht fürchtet um die Sitten, die Sexualwissenschaftler zweifeln an der Eignung der Journalistin, die Kirchen bezichtigen sie der Aufforderung zum Seitensprung. Aber die

»Stunde für die Liebe« wird erst 1991 abgesetzt, als die Quote keine Rekorde mehr knackt.

Hätte meine Oma das noch erlebt, sie hätte wahrscheinlich mit Abscheu und Entsetzen eingeschaltet. Erika Berger hat, wie sie selbst und viele Frauen ihrer Generation, mit 16 noch geglaubt, dass ein Mädchen vom Küssen schwanger wird. Von der ahnungslosen Jungfrau zur Sexpertin – auch das ist ein deutsches Leben des 20. Jahrhunderts.

Sexualität bewegt sich heute irgendwo zwischen Ware und Wonne. Als Sünde wird sie kaum noch wahrgenommen, es sei denn, es geht um Kindesmissbrauch oder Vergewaltigung. Das allerdings sind Straftaten, Staat und Justiz walten hier als Autoritäten. Zuständig für die Sünde wäre die Kirche, aber die hat beim sechsten Gebot ihre Glaubwürdigkeit verspielt. Die Sex-Autorität hat sich ins Innere des Einzelnen verlagert. Guter Sex ist der, den man mit seinem Gewissen ausmachen kann.

Die amerikanische Ordensfrau Margaret Farley provozierte vor einigen Jahren die Glaubenskongregation mit dem Buch »Just Love«. Mit ihren Ansichten zu Homosexualität, Masturbation und zur Ehe richte sie schweren Schaden an, befinden die Hüter der Katholizität in einer Notifikation. Die deutsche Übersetzung heißt reißerisch »Verdammter Sex«. Laut Untertitel zielt sie auf eine christliche Sexualmoral, de facto formuliert sie einen ethischen Minimalkonsens, dem nicht nur Christen zustimmen können. Der oberste Grundsatz lautet: Schade niemandem. Der zweite: Betrachte deinen Partner als Person, nicht nur als Sexobjekt. Der dritte: Macht nur, womit ihr beide einverstanden seid. Im ethischen Sinne guter Sex ist demnach auch zwischen gleichgeschlechtlichen Paaren möglich. Er ist unabhängig von der Ehe.

Gibt man bei Google die Suchbegriffe »Sex« und »Ehe« ein,

ergänzt die Maschine automatisch die Worte »wie oft«. Es scheint fast so, als hätten die Normen der Leistungsgesellschaft die kirchlichen Normen ersetzt. Es gelten ein paar ethische Mindeststandards, vor allem aber predigen heutige Sex-Autoritäten qualitative und quantitative Höchstleistungen. Eheleben muss sich heute auf der ergonomisch optimierten Matratze bewähren.

1994 fördert eine Studie zu den sexuellen Aktivitäten der Amerikaner Überraschendes zutage. Bis dahin galt als ausgemacht, dass Singles ein weitaus aufregenderes Liebesleben haben als Verheiratete. Die Forscher arbeiten mit der Balzac-Hypothese, wonach Ehe die Erotik einschläfert. Bindung steht im Verdacht, per se unsexy zu sein. Welcher Mann streift schon für die eigene Gattin enganliegende Calvin-Klein-Slips über? Doch die Wissenschaftler finden heraus: Die Gruppe mit dem meisten Sex sind die Verheirateten. 40 Prozent von ihnen geben den luther-bewährten Wert von zweimal pro Woche an. Die Gesellschaft belohne jene, die nach den Eheregeln spielten, mutmaßen die Autoren etwas missgelaunt.

Seit dieser Studie sind einige Jahrzehnte und zahlreiche Gegenstudien ins Land gegangen. Mögen frühere Generationen irgendwann vor der innerehelichen Kopulation kapituliert haben. Jüngere Ratgeber tragen so schöne Titel »Höchste Paarungszeit – Erotisches für Eltern«. Drei von vier Zuschriften an Beziehungshelfer umkreisen den Komplex »Ehe ohne Sex«, und ähnlich wie beim Glück scheinen auch hier die Hoffnung auf technische Tipps und der Glaube an die Machbarkeit groß. Im ZEIT-Magazin will ein ratsuchender Ehemann wissen: Warum hat sich meine Frau nicht darüber gefreut, als ich ihr das Attest meiner Sterilisation als Geschenk verpackt überreicht habe? Sie hatte ihm doch schließlich immer gesagt, sie vertrage die Pille nicht und wolle deshalb nicht mit ihm schlafen. Er habe seiner Frau eine technische Lösung für ein kommunikatives Problem angeboten, tadelt der Therapeut Wolfgang Schmidbauer den Frisch-Sterilisierten.

Die heiß diskutierte ZDF-Reihe »Make Love« widmet eine ganze Folge dem Leistungsdruck im Bett. Allerlei Statistiken purzeln durchs Bild. Aus jeder geht hervor, dass in langjährigen Beziehungen das Schlafzimmer das Krisengebiet Nummer eins ist, erst recht, wenn Kinder da sind. Die häufigste Ursache für mangelnde Lust in der Partnerschaft seien Müdigkeit und Überarbeitung, erklärt ein Experte.

Der Bestseller »How to be a parisian wherever you are« rät der Möchtegern-Pariserin zum Seitensprung, wenn es sie stört, dass der Partner erschöpft von den Mühen des Tages neben ihr im Bett einschläft. »Fühl dich nicht schuldig. Hier geht es um dich, nicht gegen ihn.« Und: »Halt die Dinge auseinander: Behandle deinen Lover nie wie deinen Mann.«

Riskant ist nicht mehr die rigide Sexualmoral, Gefahr droht eher von einer kräftezehrenden Arbeitsmoral. Ermattet nehmen Ehe-Endverbraucher Powerpaare wie Brangelina zur Kenntnis: sechs Kinder von fünf Kontinenten oder umgekehrt, jede Menge spannender beruflicher Projekte, beide finanziell unabhängig. Zwischen Weltrettung und Wickeltisch haben beide auch noch Zeit für ein aufregendes Liebesleben.

Niederkassel-Mondorf ist nicht Hollywood. Aber auch in der Normalehe müssen Gattin und Gatte so verführerisch sein wie die und der Geliebte. Manche Paarberater empfehlen auch der Nicht-Pariserin kalkulierte Seitensprünge, um auf fremdem Terrain fürs heimatliche Liebesleben zu lernen. Mehrheitsfähig dürfte das nicht sein. Dann schon lieber den festen Partner zur Affäre schöndenken: »Komm, lass uns küssen, bis wir abgeh'n, bis wir uns plötzlich anders anseh'n. Bis es sich anfühlt wie Fremdgeh'n«, singt Ina Müller einem imaginären Langzeitgefährten vor. Müller ist die Heldin emanzipiert-liebeshungriger Frauen um die fünfzig. Die Post-68erin will nicht prüde sein, aber zumindest zeitweise treu. Sie investiert, was die sexuellen Revolutionäre nicht unbedingt vorgesehen haben: Gefühle.

Auf ganzer Linie kann die Sexualmoral der katholischen Kirche doch nicht verloren haben, wenn nicht einmal Chansons frivole Eskapaden feiern. Gepriesen wird in Liedern wie Lifestylemagazinen durchaus das Abenteuer, allerdings eher das innerhalb der Partnerschaft. Diese Wildheit wird genau vermessen, verglichen, bewertet, optimiert. Wie oft, wie ausdauernd, wie abwechslungsreich, wie ist die Glückshormonausschüttung? Es dauert nicht mehr lange, bis statt der Zigarette danach die postkoitale Oxytocin-Messung per Fitnessarmband üblich wird. Sex soll wahrhaftig sein und wahnsinnig, eine Mischung aus »Familiaris Consortio« und »Fifty Shades of Grey«, innigst verknüpfend und fesselnd. Verbindung statt Verklemmung – das ist eine historische Errungenschaft, für die es Jahrhunderte brauchte.

Wir Ehe-Endverbraucher müssen alles sein, alles wollen und dabei auch noch gut aussehen. Wir nehmen ein hohes Risiko in Kauf, an den eigenen Ansprüchen zu scheitern. Aber sind es überhaupt eigene Ansprüche? Der erotische Benchmark in der Partnerschaft liegt so hoch wie nie. Die Sexual-Moralanstalt alter Schule hat geschlossen, dafür erklären nun andere, weniger fassbare Autoritäten, wie eine erotisch erfüllende Partnerschaft zu sein hat. Die Ehe ist der Versuch, zu zweit sexuell so fremdbestimmt zu sein, wie man es allein nie war.

Verdächtige Liederlichkeit, Faulheit, Widerspenstigkeit: Ehe und Gerechtigkeit

Die Ehe kann aussehen wie ein Glücksversprechen, wie eine Norm, wie eine Pflicht. Was bei diesen Sichtweisen in den toten Winkel gerät: Die Ehe ist ein Recht. Ein Menschenrecht. In der Allgemeinen Erklärung der Menschenrechte vom Dezember 1948 heißt es in Artikel 16: »Heiratsfähige Männer und Frauen haben ohne jede Beschränkung aufgrund der Rasse, der Staatsangehörigkeit oder der Religion das Recht, zu heiraten und eine Familie zu gründen. Sie haben bei der Eheschließung, während der Ehe und bei deren Auflösung gleiche Rechte. Eine Ehe darf nur bei freier und uneingeschränkter Willenseinigung der künftigen Ehegatten geschlossen werden. Die Familie ist die natürliche Grundeinheit der Gesellschaft und hat Anspruch auf Schutz durch Gesellschaft und Staat.«

Das klingt selbstverständlich, ist aber noch immer eher eine Forderung als eine Beschreibung der Wirklichkeit weltweit.

Wie im ersten Teil dieses Buches gezeigt, steht die christliche Ehe zumindest in der Theorie jedem Mann und jeder Frau offen, die diesen Bund eingehen möchten und getauft sind. Für eine muslimische Ehe ist ebenso das Einverständnis der Beteiligten vonnöten, für die Partnerwahl kann aber – je nach Auslegung des Islam – der Wille der Familie des Mannes ausschlaggebender sein als der Wunsch des Paares. Arrangierte Ehen sind in weiten Teilen der muslimischen Welt üblich. Aber nicht nur der Islam, sondern auch der Hinduismus hält diese Tradition aufrecht. Schätzungen zufolge sind weltweit etwa 700 Millionen Frauen zwangsverheiratet.

Die weltliche Ehe ist traditionell weder per se frei zugänglich noch Ergebnis einer Entscheidung der Betroffenen. In Deutschland hängt die Ehefähigkeit lange von Stand und Besitz ab. Heiratsverbote dienen vor allem dazu, die soziale Ordnung stabil zu halten. Volker Schlöndorffs sozialkritischer Film »Der plötzliche Reichtum der armen Leute von Kombach« erzählt die Geschichte eines Geldraubs in der hessischen Provinz aus dem Jahre 1822. Mehrere arme Bauern und Tagelöhner überfallen ungelenk eine Transportkutsche, einige Versuche misslingen, schließlich klappt es. Dass sie unerwartet zu Vermögen gekommen sind, fällt auch deshalb auf, weil sich nun einer von ihnen endlich seinen Herzenswunsch erfüllen kann: Er heiratet. Genau das wird ihm zum Verhängnis. Ein armer Schlucker, der sich eine Ehe leisten kann, ist verdächtig.

Das Allgemeine Preußische Landrecht von 1794 verfügt für den Bauernstand zum Thema »Heirathen«: »§. 161. Unterthanen sind bey ihrer vorhabenden Heirath die herrschaftliche Genehmigung nachzusuchen verbunden. §. 162. Die Herrschaft aber kann ihnen die Erlaubniß ohne gesetzmäßige Ursache nicht versagen. §. 163. Gesetzmäßige Weigerungsursachen sind, wenn die Person, welche der Unterthan heirathen will, sich grober Verbrechen schuldig gemacht hat; §. 164. Ferner, wenn diese Person wegen Liederlichkeit, Faulheit, oder Widerspänstigkeit bekannt ist, und dessen durch glaubwürdige Zeugnisse überführt werden kann; §. 165. Ingleichen, wenn dieselbe wegen körperlicher Gebrechen unfähig ist, den wirthschaftlichen Arbeiten, deren Verrichtung ihr obliegt, gehörig vorzustehn. §. 166. Auch Leuten, welche selbst, körperlicher Gebrechen wegen, sich und eine Familie zu ernähren außer Stande sind, kann die Herrschaft die Erlaubniß zu einer Heirath, durch welche ihre Umstände nicht verbessert werden, versagen.«

Heirat ist für die Unterschicht abhängig von der Zustimmung des Dienstherrn. Bürger hingegen, auch das regelt das preußische Recht, heiraten aus freier Willensentscheidung. Ausschlussgründe beziehen sich vor allem auf nahe Blutsverwandtschaft. Für Adelige wiederum ist es verboten, mit »Weibspersonen aus dem Bauern- oder geringerem Bürgerstande« die Ehe einzugehen. Das Mindestheiratsalter wird für Frauen auf 14, für Männer auf 18 festgesetzt.

Vom Bürgerlichen Gesetzbuch war hier schon an mehreren Stellen die Rede. Viele Grundgedanken des Preußischen Landrechts finden sich darin wieder, besonders die Idee der vertragsfähigen Einzelpersonen. Ehe ist ein bürgerliches Recht, eine Errungenschaft der Emanzipation vom Ständestaat, der Übergang vom Recht zur Bürgerpflicht verläuft fließend. Wer Nachkommen verantwortungsvoll großziehen, wer seine Sexualität sittsam ausleben und seinen Besitz geordnet wissen wollte, kurzum: Wer ein angesehenes Mitglied der Gesellschaft sein will, muss heiraten.

Ehe ist in Deutschland keine Privatsache. Sie ist eine Institution, also deutlich mehr als ein Vertragsschluss zwischen zwei

Menschen unterschiedlichen Geschlechts. Zur Institution ist sie geworden, weil der Staat ein besonderes Interesse an dieser Lebensform hat. Die Weimarer Reichsverfassung legt in Artikel 119 fest: »Die Ehe steht als Grundlage des Familienlebens und der Erhaltung und Vermehrung der Nation unter dem besonderen Schutz der Verfassung. Sie beruht auf der Gleichberechtigung der beiden Geschlechter. Die Reinerhaltung, Gesundung und soziale Förderung der Familie ist Aufgabe des Staates und der Gemeinden. Kinderreiche Familien haben Anspruch auf ausgleichende Fürsorge …«

Das Grundgesetz verzichtet auf die Vermehrung und Erhaltung der Nation. Es schützt die Ehe ohne Angabe von Gründen: »Ehe und Familie stehen unter dem besonderen Schutz des Staates«, heißt es in Artikel 6.

Das aktuelle Bürgerliche Gesetzbuch knüpft die Ehe an wenige Bedingungen. Ein Mindestalter muss gegeben sein, bestimmte nahe Verwandtschaftsgrade sind ausgeschlossen. Ansonsten aber macht der Gesetzgeber keine Vorschriften. Fürs Heiraten sind weder ein makelloses polizeiliches Führungszeugnis noch ein Ausweis völliger geistiger und körperlicher Gesundheit notwendig. Die Bundesrepublik hat sich aus guten Gründen von der Idee der Ehe als Zuchtanstalt verabschiedet.

Dennoch geistert durch die aktuellen Debatten die Vorstellung von der Familie als Keimzelle der Gesellschaft mit dem Zellkern Ehe. Der Staat prüft in der Regel weder die Fähigkeit noch die Bereitschaft der Paare, Kinder zu bekommen. Wie die Ehe vollzogen wird, geht ihn nichts mehr an, seit bei Scheidungen das Zerrüttungsprinzip gilt und nicht auf der Suche nach einer Schuldigen die weibliche Opferbereitschaft vermessen werden muss. Auf dem Standesamt dürfen auch Asexuelle einander das Ja-Wort geben. Nur wenn der Verdacht auf eine Scheinehe beziehungsweise auf die Erschleichung sozialer Leistungen besteht, dann interessiert die sexuelle Beziehung den Staat. In diesem Fall muss ein Paar damit rechnen, dass Behörden Auskunft nach der Geschlechtsverkehrsdichte verlangen und übereinstimmende Antworten die Echtheit der Ehe beglaubigen. Dass aber zu einer echten Ehe wahre Liebe gehört, sagt kein Gesetz. Das Recht »hält sich die Liebe vom Leib«, formuliert Monika Wienfort treffend.

Verglichen mit früheren Jahrhunderten steht die Ehe heute fast allen offen. Aber eine klassische Erkenntnis der Staatskunde gilt auch hier: Je mehr an grundsätzlicher Gerechtigkeit hergestellt ist, desto mehr fallen Ungerechtigkeiten ins Gewicht. Die Forderung nach der Ehe für Homosexuelle zeugt davon. Steht es dem Staat zu, den Ehebegriff auf diese Lebensform auszuweiten oder verstößt er damit gegen den Geist des Grundgesetzes, weil anno 1949 noch niemand daran dachte, dass diese Forderung je erhoben würde?

Bisher zielt die Rechtsprechung des Bundesverfassungsgerichts einerseits darauf, Lebenspartnerschaften der Ehe anzugleichen bis hin zum Adoptionsrecht für homosexuelle Paare. Andererseits gilt noch immer das sogenannte Ehe-Abstandsgebot. Sollte sich die rechtliche Angleichung fortsetzen, wäre der Unterschied nur noch ein semantischer. Zugleich liegt aber genau darin das Diskriminierende: Heißt nicht Gleichbehandlung auch, dass das Rechtsinstitut der Ehe unabhängig von der sexuellen Orientierung zugänglich sein muss?

Die aktuelle Diskussion über die »Ehe für alle« zwingt den Gesetzgeber dazu, den Wesenskern der Ehe zu definieren: Ist es die Möglichkeit, Kinder bekommen zu können? Dann dürften auch Frauen jenseits der Wechseljahre nicht heiraten. Ist es das

Versprechen, zueinander zu stehen und füreinander Verantwortung zu übernehmen? Dann wäre das Geschlecht der Partner gleichgültig. Eine Ehe könnte sowohl eine sexuelle Gemeinschaft sein als auch eine besonders verbindliche Freundschaft. Stünde die Ehe auch homosexuellen Paaren offen, welche Existenzberechtigung hätten dann noch eingetragene Lebenspartnerschaften? Würden sie nach französischem Vorbild in eine Art Ehe light umgewandelt?

Mit den gesellschaftlichen Mehrheitsvorstellungen deckt sich das juristisch Mögliche nicht. Für eine Mehrheit der Deutschen ist die Eheschließung – auch die staatliche – ein öffentlich sichtbares Zeichen der Liebe und eben nicht nur ein Dienstleistungs-Vertrag mit Rechten und Pflichten, wie er auch zwischen zwei Nachbarn bestehen könnte.

Die Ehe ist zwar mehrere Tausend Jahre alt, sie ist eine Institution mit langer Tradition, aber keine in Stein gemeißelte. Die Geschichte zeigt, wie die Ehe durch Emanzipationsbewegungen zum Massenlebensmodell werden konnte. Die größte dürfte in diesem Zusammenhang die Herausbildung des Bürgertums sein. Weltliche Herrscher erkannten zudem, dass die Öffnung der Ehe mehr Vorteile hatte als Heiratsverbote. Ehen nehmen dem Staat Arbeit ab, materiell und ideell. Von Fürsorge und Verbindlichkeit im Kleinen profitieren Staat und Gesellschaft im Großen. Das lehrt Luther, das predigt Oswald von Nell-Breuning, der Heilige der katholischen Soziallehre, unter dem Zungenbrecher »Subsidiaritätsprinzip«. Fehlt der Partner, der die Pflege übernimmt, sind keine Mutter oder kein Vater da, die Erziehungsarbeit leisten, müssen andere die Aufgaben übernehmen.

Was wiegt in der Debatte um die »Ehe für alle« schwerer: die Tradition der Kontinuität oder die Tradition des Wandels?

Die monogame Ehe wird seit Jahrtausenden zwischen einem Mann und einer Frau geschlossen. Aber im Laufe der jüngeren Geschichte wurde der Kreis der Eheberechtigten beständig erweitert. Gesinde, Arbeiter, aber auch Soldaten und Bauern waren einmal von der Ehe ausgeschlossen. Für jedes Hochzeitsverbot gab es fein ziselierte Begründungen, von denen keine sich bewährt hat. Das Geschlecht ist kein triftigerer Ausschlussgrund als der soziale Stand.

Bisher gilt in diesem Kapitel das Hauptaugenmerk der Frage: Wer hat ein Recht auf die Ehe? Das ist der Blick von außen auf die Zweisamkeit. Zu einem Kapitel über Ehe und Gerechtigkeit gehört jedoch unbedingt die Innenansicht. Wie sind Rechte und Pflichten zwischen Mann und Frau verteilt?

Die Antwort ist einfach und gilt kultur- und religionsübergreifend: Das Sagen hat jahrhundertelang der Mann. Ehe und Patriarchat gehören zusammen. Das ist kein feministischer Befund, sondern ein historischer. Der Mann als Haupt der Frau, so lautet sowohl in der Kirche als auch in der Welt das Leitmotiv. Jesus behandelt Männer und Frauen gleich, er verliert kein Wort über eine innereheliche Hierarchie. In der Praxis bleibt davon zunächst nur der Gedanke übrig, dass Männer über Frauen nicht verfügen sollten, als seien sie Gegenstände. Das ist eine fortschrittliche Sicht verglichen mit den Traditionen, das macht das Christentum für Frauen attraktiv. Von heutigen Gleichberechtigungsvorstellungen sind die frühen Christen aber weit entfernt. »Wie aber die Kirche sich Christus unterordnet, sollen sich die Frauen den Männern unterordnen«, heißt es im Epheserbrief. Liebe und herrsche also.

Frauen sind über Jahrhunderte das vergänglichere Geschlecht. Ihre durchschnittliche Lebenserwartung liegt, anders als heute, deutlich niedriger als die der Männer. Die Frauen sterben mit hoher Wahrscheinlichkeit bei einer der vielen Geburten, die Männer überleben, wenn sie nicht gerade in einen Krieg ziehen müssen. Klischeehaft zugespitzt: Frauen werden von Bakterien dahingerafft, Männer vom Kampf. Die Idee der Gleichberechtigung der Frau wurzelt mindestens so sehr im medizinischen Fortschritt wie in politischen Emanzipationsbestrebungen. Gleiche Rechte lohnen sich erst bei annähernd gleicher Lebenserwartung. Ohne den Sieg über das Kindbettfieber hätte der Feminismus wohl nicht das Licht der Welt erblickt. Doktor Semmelweiß bekämpft die Infektionen im Wochenbett, er kämpfte damit auch unbewusst für die Rechte der Frau.

Ebenso wichtig für die weibliche Emanzipation wie die Gesundheit ist das Geld: Gleiche politische Rechte nützen wenig, wenn Frauen im Alltag finanziell von einem Mann abhängig sind. Die Arbeitsverhältnisse sind im 19. Jahrhundert allerdings noch nicht so, dass sie als Befreiung empfunden werden können. »Brot und Rosen«, das Kultlied der gewerkschaftsgestützten Frauenbewegung, fordert deshalb menschenwürdige Arbeitsbedingungen für Männer wie für Frauen. »Wenn wir zusammen gehen, kämpfen wir auch für den Mann, weil unbemuttert kein Mensch auf die Erde kommen kann. Und wenn ein Leben mehr ist als nur Arbeit, Schweiß und Bauch, wollen wir mehr: gebt uns das Brot, doch gebt uns die Rosen auch«, singen Proletarierinnen.

Solche Ideen von Ehefrauen als selbstbewussten Erwerbstätigen gelten in der Weimarer Republik trotz der verfassungsmäßig garantierten Gleichberechtigung der Geschlechter im bürgerlichen und kleinbürgerlichen Milieu als sozialistisch. »Wer schützt Familie-Arbeit-Heimat?«, fragt die katholische Zentrumspartei auf ihren Wahlplakaten. Der männliche

Werbeträger hält ein Schild mit einem Kreuz, die Frau ein Baby.

Diese Versorger- und Verteidigerehe überlebt bis in die 1960er-Jahre. Sie ist der Inbegriff von Wohlanständigkeit, in den Wirtschaftswunderjahren vermählen sich Anstands- und Wohlstandsträume. Ich bin 1968 geboren. Auf dem Dorf ist damals noch wenig von der Studentenrevolte angekommen, allenfalls im Karnevalszug gehen ein paar Hippies mit. Meine Mutter ist schnell nach meiner Geburt wieder berufstätig. Sie lehnt es ab, von einem Mann wirtschaftlich abhängig zu sein. Das hat sie mir vererbt. Zur Wahrheit gehört aber auch, dass sie nicht nur arbeiten will, sondern auch muss, wenn sie den Kredit aufs Eigenheim anno 1964 abzahlen will. Der Lohn meines Vaters reicht dafür nicht. »Hypothekenviertel« nennt meine Mutter unser Wohngebiet spöttisch. Dort ist sie die Ausnahme. Die Nachbarinnen hören auf, berufstätig zu sein, wenn sie Kinder bekommen. Sie lassen meine Mutter spüren, dass sie es nicht nötig haben, Geld zu verdienen. Mein Vater empfindet es als Demütigung, dass er den kleinbürgerlichen Traum vom Eigenheim mit Garten und Jägerzaun nicht alleine finanzieren kann. Die Ehefrau daheim – das ist das Statussymbol der Mittelschicht. Ihm ist es nicht vergönnt. Das Patriarchat bringt nicht nur Helden hervor.

Die Frauenbewegung attackiert die harte männliche Autorität vergangener Jahrhunderte und die weiche der 1950er-Jahre-Waschmittelwerbung. An der Ehe kann das nicht spurlos vorbeigehen. Der Feminismus greift zwei besonders systemstabilisierende Punkte an: die sexuelle Unterordnung der Frau und das ökonomische Ungleichgewicht. Emanzipierte Frauen nehmen sich das Recht, ihre sexuellen Bedürfnisse zu artikulieren. Und emanzipierte Frauen nehmen sich das Recht auf eine eigene Berufsbiografie. Uni statt Bräuteschule, Diplom statt Orangencreme.

Bang haben sich Professoren im 19. Jahrhundert gefragt, wozu es wohl gut sein sollte, dass Weibsbilder überhaupt Gymnasien besuchen oder gar studieren. Um das Haushaltsbuch seriös zu führen, braucht frau schließlich keine Integralrechnung. Thomas, nun ja, Mann ahnt in den 1920er-Jahren, dass »radfahrende, chauffierende, studierende, stark geistig gewordene« Frauen die Rollenverteilung gründlich durcheinanderwirbeln würden. Ihn gruselt vor der »vermännlichten Frau«.

Zahlreiche Publikationen der Frauenbewegung erklären in den 1960er-Jahren die Überwindung der Ehe zum Ziel. Die Ehefrau gilt als Objekt, ja Sklavin ihres Mannes. In dem von Hans-Magnus Enzensberger herausgegebenen »Kursbuch« fordern Feministinnen zum Beispiel eine »Auflösung aller institutionalisierten Beziehungen zwischen Menschen, wie sie die Institution Ehe und Familie erzwingt«. Sie träumen von einer Zerstörung aller Normen, die das Verhalten zwischen Mann und Frau regeln. Simone de Beauvoir, Mutter des Feminismus, geht in ihrem Buch »Das andere Geschlecht« ausführlich auf die Ehe ein. Sie beklagt einen Autoritätsverlust der Gattin: Es habe eine Zeit gegeben, schreibt sie in dem Klassiker von 1949, in der Ehemänner ihre Frauen liebten und ihnen sogar einen Platz als Herrscherin am Tisch einräumten. Doch diese Zeiten seien vorbei, Männer und Kinder drängten in die Welt hinaus, eine Herrscherin sei die Ehefrau und Mutter nicht mehr. »So kann die Arbeit, welche die Frau im Inneren der Häuslichkeit verrichtet, ihr keine Autonomie verleihen, denn sie dient nicht unmittelbar der Allgemeinheit, sie mündet nicht in eine Zukunft, sie erzeugt nichts«, urteilt die Intellektuellen-Ikone. Gleichberechtigung und Selbstbestimmung sind demnach erst möglich, wenn auch die Frau öffentlich und ökonomisch wirken kann.

De Beauvoirs Thesen entfalten zu Recht Wirkung bis heute. Selbst konservativ-katholische Publizistinnen wie Birgit Kelle können der französischen Feministin nicht entkommen, obwohl sie von deren Scharfsinn und Tiefgang mindestens so weit entfernt sind wie eine niederrheinische Karnevalstanztruppe von den Beinschwingerinnen im Lido.

Die Gleichberechtigung steht zwar seit 1949 – dem Erscheinungsjahr von »Das andere Geschlecht« – im Grundgesetz, faktisch aber werden vor allem Ehefrauen von der Welt da draußen ferngehalten. Bis 1957 dürfen sie nur mit Zustimmung des Ehemanns ein eigenes Konto eröffnen, für die Berufstätigkeit benötigen sie seine Unterschrift. Bis 1977 verfügt § 1356 des Bürgerlichen Gesetzbuches: »Die Frau führt den Haushalt in eigener Verantwortung. Sie ist berechtigt, erwerbstätig zu sein, soweit dies mit ihren Pflichten in Ehe und Familie vereinbar ist.« Erst seit 1977 heißt es: »Die Ehegatten regeln die Haushaltsführung in gegenseitigem Einvernehmen. [...] Beide Ehegatten sind berechtigt, erwerbstätig zu sein.«

Anders als von Feministinnen angestrebt, wird das System reformiert, aber nicht aus den Angeln gehoben. Von 1976 an können Männer nach der Hochzeit auch den Namen der Frau als Familiennamen annehmen, seit 1994 darf jeder seinen Nachnamen behalten. Die Mehrheit der Paare wählt die traditionelle Variante, also die männliche Linie. Fünfzig Jahre nach 1968 sind Rachegelüste gegenüber dem Patriarchat selten geworden. Auch deshalb, weil der Vater als private Autorität ebenso gestürzt ist wie andere öffentliche Autoritäten. Der Heilige Vater kann nicht mehr durchregieren, die unheiligen Väter können es auch nicht. In einem Artikel mit der schönen Titelzeile »Papa ante

Adipositas« bringt es der Journalist Till Raether auf den Punkt: Vom gefürchteten Oberbefehlshaber im Haus hat sich der Vater zum »harmlosen, leicht übergewichtigen Typ in kurzen Hosen« gewandelt. Nicht mehr die Vermännlichung der Frau würde Thomas Mann heute beklagen, eher die Verweiblichung des Mannes.

Das Mantra der braven Töchter von Simone de Beauvoir heißt: Vereinbarkeit von Familie und Beruf. Männer sollen da durchaus ihren Platz haben. Ehe und Emanzipation mögen bitte harmonieren, das ist das heimliche, weibliche Stoßgebet am Altar, wenn der Pastor nach der Kinderempfängnisbereitschaft fragt.

Im Umgangssprachlichen hat sich als Synonym sowohl für das eheliche als auch das uneheliche Zusammenleben das Wort »Partnerschaft« durchgesetzt. De facto verteilen sich Hausarbeit, Erwerbsarbeit und Kindererziehung ungleich. Männer geben sich verbal aufgeschlossen bei gleichzeitiger Verhaltensstarre, hat der Soziologe Ulrich Beck angesichts der ersten Diskussionen um den »Neuen Mann« beobachtet. Frauen lassen ihnen das durchgehen.

Worte wie Opferbereitschaft, aber auch Herrschaft sind aus dem Reden über die Ehe nahezu verschwunden. Die Ehe gilt mittlerweile als Lebensform, in der sich Frauen verwirklichen können. Verwirklichen heißt: alles versuchen, alles verbinden. Vollzeit berufstätige Mütter haben nicht wie dereinst Papa das Recht, erschöpft von der Arbeit zu kommen und sich vom Nachwuchs unbehelligt der »Tagesschau« hinzugeben. Frauen behalten alle vermeintlich mütterlichen Pflichten, Basteln und Backen fürs Kita-Frühling-Sommer-Herbst-Licht-und-Winter-Fest inklusive.

Wer sich um eine emanzipierte Ehe bemüht, managt täglich

Rechte und Rollen. Wer steckt wegen der Kinder wann im Beruf zurück? Steckt überhaupt einer zurück? Wer darf sich wann einen familienfreien Abend gönnen? Bekommt einer ein Jobangebot in einer anderen Stadt, ziehen dann alle um?

»Wurden früher die Partner oft eher durch die Notwendigkeiten der Lebensbewältigung zusammengehalten, so jetzt allein durch ihr persönliches Miteinander bei gleichzeitiger Selbstentfaltung«, schreibt der Kirchenhistoriker Arnold Angenendt. Er nennt, wie fast alle Autoren zum Thema, das Bemühen um eine egalitäre Ehe in einem Atemzug mit einem erhöhten Scheidungsrisiko.

Auf den ersten Blick ist diese Verbindung berechtigt. Wie eine Langzeitstudie von Heike Trappe und Christian Schmitt zeigt, liegt in Ostdeutschland, wo Frauen traditionell häufiger Vollzeit erwerbstätig sind, das Scheidungsrisiko deutlich höher als in Westdeutschland. Im Westen scheitern am häufigsten jene Ehen, in denen Frauen entweder genauso viel arbeiten wie Männer oder in denen sie die Hauptternährer sind. Interessant ist jedoch, dass im Osten Verbindungen am riskantesten sind, in denen Frauen auf Berufstätigkeit verzichten.

Natürlich beeinflusst es das Eheklima, wenn beide einen vollen Terminkalender haben, wenn Kindererziehung, Hausarbeit und Job in den Tag gepresst werden müssen und kein Geld da ist, um einen Teil davon an eine Haushaltshilfe und eine Kinderfrau zu delegieren. Doch mindestens genauso einflussreich wie diese individuellen Aushandlungsprozesse ist das gesellschaftliche Klima. Wenn es, wie im Osten Deutschlands, gesellschaftlich akzeptiert ist, dass Mütter Vollzeit berufstätig sind, entzünden sich daran auch in der Ehe weniger Konflikte. Leitbilder sind riskant: Sie können besonders stabilisierend auf diejenigen wirken, die ihnen ohnehin entsprechen, und besonders destabilisierend auf diejenigen, die ihnen fernstehen. Die weibliche Berufstätigkeit als Hauptrisikofaktor zu isolieren, greift zu kurz.

Vor allem Frauen sind umstellt von Leitbildern. Zwischen Schneewittchenmutter, die sich einen reichen Mann angelt, und Working Mom, die fürs Kinderkriegen keinen Kerl nötig hat, ist alles drin. Die Politik hat lange die Ehefrau, Hausfrau und Mutter finanziell gefördert. Das Modell bleibt durchs Ehegattensplitting attraktiv. Die aktuelle Familienministerin denkt vom emanzipierten Paar aus: Beide sollen vollzeitnah erwerbstätig sein und sich gemeinsam um die Kinder kümmern. Die Wirklichkeit sieht dem Bild noch nicht ähnlich. Derzeit führen familien- und frauenpolitische Maßnahmen weder zu mehr weiblichen Karrieren noch zu mehr Kindern. Laut jüngster Shell-Studie sinkt der Kinderwunsch sogar, weil die Jugendlichen den Versprechen misstrauen, Selbstverwirklichung sei mit Kindern möglich.

Das maskuline Leitbild ist noch immer der Ernährer. Er hat nicht gesiegt, er ist übrig geblieben. Ein beachtlicher Prozentsatz junger Männer zwischen 18 und 35 empfindet die Versorgerrolle eher als Belastung denn als erstrebenswerte Aufgabe. Der Feminismus hat die Ehe als Auswuchs des Patriarchats lautstark bekämpft; viele Männer hingegen haben sich aus Ehe und Familie klammheimlich und ohne gesellschaftspolitisches Programm verabschiedet. Seit ihnen die Ehe weder Ansehensgewinn noch Machtzuwachs beschert, scheint sie für Männer unattraktiver geworden zu sein. »Wenn das die Stellung des Mannes in der Ehe ist, dann ist es nicht gut zu heiraten«, stellen die Jünger fest, als Jesus ihnen erklärt hat, dass sie ihre Frauen wie Menschen behandeln sollen. Jungs von heute haben ähnliche Zweifel, dass sich heiraten lohnt.

Neben dem rechtlichen Schutz von außen und der innerehelichen Emanzipation gehört noch ein dritter Aspekt zum Thema Ehe und Gerechtigkeit: die gesellschaftliche Mobilität.

Über eine lange Zeitspanne war es üblich, Ehen innerhalb eines Standes zu schließen. Das Ja-Wort mehrt den Besitz, Ländereien werden zusammengefügt oder ganze Länder. Das Vermögen der Frau geht meist in die Hand des Mannes über. Im 19. Jahrhundert werden höhere Töchter darauf vorbereitet, anständige Gemahlinnen und niveauvolle Gastgeberinnen der besseren Gesellschaft zu sein. Professor Unrat, der Protagonist aus dem Roman von Heinrich Mann, setzt sich über diese Konvention hinweg. Er verliebt sich in eine Barsängerin – er verfällt ihr und fällt gesellschaftlich tief. Das ist 1905.

Rund 50 Jahre später sieht die Partnerwahl anders aus. In der Bundesrepublik, aber auch in den USA. Eine Studie namens »Marry your like« zeigte, was das Heiratsverhalten für die soziale Auf- und Abwärtsbewegung bedeutete. Etwa die Hälfte der Männer heiratet in den 1960er-Jahren eine Frau, die ärmer ist als sie selbst: der Arzt die Krankenschwester, der gut situierte Witwer das Kindermädchen. Frauen steigen damit durch Hochzeit mehr auf, als es ihnen durch eigene Erwerbstätigkeit möglich gewesen wäre. Der Traum von Heim und Herd bringt soziale Mobilität.

Das hat sich mittlerweile deutlich geändert. Frauen und Männer bleiben innerhalb einer Schicht. Frauen, auch gut verdienende, suchen unverändert den Mann danach aus, ob er im Ernstfall eine Familie allein versorgen könnte. Männer aber achten nun auch auf den Bildungs- und Einkommensstand potenzieller Kandidatinnen. Nur noch 20 Prozent der Männer heiraten eine Frau aus einer anderen Schicht. Da immer mehr Frauen gut ausgebildet sind, ist die Auswahl für gut verdienende Männer größer geworden, für schlecht verdienende hingegen geringer, da Frauen die »Ehe nach unten« eher als Risiko denn als Emanzipationsbeweis ansehen. »Dafür brauchen beide ein großes Selbstbewusstsein, sonst ist dieses Modell konfliktbelastet«, sagt der Kultursoziologe Günter Burkart im Gespräch mit Spiegel Online. Die Hochzeit unter Gleichen verschärft die soziale Ungleichheit in einer Gesellschaft. Innerhalb von zehn Jahren hat sich der Unterschied zwischen Paaren, die gut verdienen, und solchen, die wenig verdienen, um 18 Prozent vergrößert, schreibt Rüdiger Peuckert in seinem Geschlechter-Buch. Die Folgen der Partnerwahl sind so gravierend, dass selbst die OECD das Thema 2011 aufgreift und die »Paarung unter Gleichen« kritisch beäugt.

Amerikanische Wirtschaftswissenschaftler bringen immer mal wieder die zufällige Partnerzuteilung ins Spiel. Würden Paare ausgelost, so hätte das auf die soziale Gleichheit positive Auswirkungen, hoffen sie. Die Forscher mögen von gesellschaftlicher Gleichheit träumen, die Paare träumen vom Glück und das hängt offenkundig stark vom gleichen Status ab.

Unerforscht ist bisher, wie soziale Mobilität und Scheidungsraten zusammenhängen. Das Comeback der standesbewussten Partnerwahl hat die Ehen jedenfalls nicht messbar stabilisiert, die damit verbundene soziale Ungleichheit die betroffenen Gesellschaften wie in Deutschland und den USA allerdings auch nicht messbar destabilisiert.

Nach dieser Tour d'Horizon über Gerechtigkeit für, in und durch die Ehe drängt sich eine letzte Frage aus dem Themenfeld Gerechtigkeit auf. Ökonomen stellen sie in letzter Zeit häufiger: Wird eigentlich die Ehe der neuen Wirtschaftswelt gerecht? Der Nobelpreisträger Edmund Phelps zum Beispiel verneint. Im Interview mit der »Welt« erklärt er: »Wir sehen in Europa einen Wiederaufstieg traditioneller Werte. Die Gesellschaft organisiert sich wieder stärker um die Familie, um Gruppen. Statt sein Glück in der Welt zu suchen, bleibt man lieber zu Hause.« Ehe, Familie, die Suche nach Sicherheit und festen Jobs – das schade dem Wettbewerbsgedanken. Phelps Gedanken klingen nach einer Extremposition aus dem Reich des Turbokapitalismus. Ganz neu sind solche Überlegungen nicht. Heiratsverbote für die Unterschicht hatten im 19. Jahrhundert auch den Sinn, die Verfügbarkeit von Arbeiterinnen und Arbeitern zu sichern. Jetzt sind es gerade die Jungen, Ehrgeizigen, Erfolgreichen, die sich freiwillig für den Arbeitsmarkt allzeit verfügbar halten. Man braucht dafür keine gesetzlichen Beschränkungen mehr. Das Leben ohne Ehe, aber mit Karriere ist verführerisch genug. Die Ehe wird von diffusen Autoritäten, die sich »die Wirtschaft« nennen, nicht bekämpft, sie wird aussortiert. Eine Bekannte von mir ist Finanzmanagerin. New York, London, Paris, die Arabischen Emirate stehen in ihrem Lebenslauf. Wir haben uns 20 Jahre nicht gesehen, sie erzählt von ihren internationalen Stationen. Am Ende der Aufzählung frage ich gut rheinisch: »Und sonst?« Das meint: Bist du liiert? Hast du Kinder? Sie guckt mich verdattert an. In welchem Jahrhundert lebst du denn!, sagt dieser Blick.

Die Ehe hat dem Kapitalismus gute dynastische Dienste geleistet, das wusste schon Friedrich Engels. In den besonders dynamischen Milieus von heute überwindet der Kapitalismus die Ehe.

Du, du, nicht du allein: Die Ehe und die Treue

Die Präriewühlmaus ist ein selten treues Tier. Weibchen und Männchen paaren sich nicht nur, sie werden tatsächlich ein Paar. Monogamie heißt im Tierreich: Die beiden verteidigen das Revier gegen Konkurrenten und versorgen den gemeinsamen Nachwuchs. Sexuelle Exklusivität meinen Exemplare der Gattung Microtus ochrogaster damit nicht. Präriewühlmäuse wühlen durchaus fremd, bleiben aber als Paar ein Leben lang zusammen. Die Forscher kennen den Stoff, der das möglich macht: Oxytocin. Das Hormon wird vor allem beim Sex ausgeschüttet. Es stiftet Bindungen.

Auch Menschen schütten diesen Wunderstoff aus. Das lässt in den populärwissenschaftlichen Medienecken Spekulationen gedeihen: Könnte eine gezielte Oxytocin-Vergabe die Scheidungsrate mindern? Verabreichen Ärzte und Apotheker eines Tages Bindung auf Rezept? Wird das die nächste Pille, die das Beziehungsleben revolutioniert? Wissenschaftler warnen vor dem plumpen Transfer der Erkenntnisse aus der Prärie aufs Eigenheim. Menschliche Monogamie ist komplexer als der Nest- und Revierschutz der Wühlmäuse. Hinter den pharmazeutischen Fantasien stehen jedoch nüchterne Fragen. Ist Treue Privatsache? Gibt es ein politisches Interesse an Stabilität? Gibt es ein persönliches?

Traditionell hat der Staat ein Interesse daran, dass Menschen im Präriemaus-Sinne treu sind. Bürger sollen einander im Alltag helfen, ihr Nest schützen und den Nachwuchs großziehen. Jahrhundertelang machten deshalb weltliche Gesetzgeber die Scheidung schwer.

Private Verbindlichkeit ordnet die ökonomischen Verhältnisse. Der Treue zu einem anderen Menschen ging historisch die Treue zum Ort voraus. Erst die Sesshaftigkeit ermöglicht es, Besitz zu schaffen. Damit ist wiederum der Wunsch verbunden, dieses Vermögen zu mehren und weiterzugeben. Ehe und Besitz, Ehe und Erbschaft sind eng aufeinander bezogen. Die Frauen sind Eigentum des Mannes, die Kinder auch. Männer sind ursprünglich nicht zur erotischen Exklusivität verpflichtet. Frauen schon. Nur wenn die Frau ihrem Mann sexuell die Treue hält, hat er eigene Kinder. Die Mutter ist sicher, der Vater unsicher, wissen die Rechtsgelehrten. Um dieses Risiko zu minimieren, wird die Untreue der Frau hart bestraft. Schon der Codex Hammurabi droht rabiat: »Wenn die Ehefrau nicht züchtig ist und ihr ›Haus verstreut‹ und ihren Ehemann demütigt: dann wird diese Frau ins Wasser geworfen.« Die Treuepflicht der Frau hat eine materielle und eine ideelle Seite: Geht die Frau – modern gesprochen – fremd, dann veruntreut sie seinen Besitz und kränkt ihn in seinem Ansehen. Ehe und Ehre gehören zusammen.

Jahrtausende später verändert das Ideal der Liebesheirat die

Treue. In der Theorie werden Fremdgehen und Bordellbesuche überflüssig, alle Bedürfnisse lassen sich in der Ehe stillen. Wer untreu wird, veruntreut die romantische Vorstellung, alles sei möglich. Geht der Mann fremd, betrügt er die Frau um etwas, das ihr zusteht. Hat er eine Geliebte, wird sie zur Ungeliebten. Untreue verletzt nun Gefühle und nicht nur den Stolz.

Die romantische Liebesehe bleibt zunächst einer privilegierten Schicht vorbehalten. Der evangelische Theologe Gerhard Lämmermann warnt in seinen Ausführungen zu »Hochzeitsnacht und Traualtar« davor, heutige Treue-Ideale der Vergangenheit überzustülpen: Im bäuerlichen Milieu sind noch im 19. Jahrhundert Küsse unter Eheleuten verwerflich. Mehr als der Appell an die Moral schweißt die Paare die Notwendigkeit zusammen, den Alltag zu bestehen. Was so pathetisch Unauflöslichkeit heißt, ist vor allem eine wirtschaftliche Notwendigkeit; bei 15 Stunden Arbeit am Tag, sieben Tage in der Woche, mangelt es an Gelegenheiten, untreu zu werden.

Die Demokratisierung der Liebesehe einerseits und die Demokratisierung des Wohlstands andererseits verändern den Treuebegriff Mitte des 20. Jahrhunderts noch einmal: Mann und Frau müssen nun einander nicht mehr treu sein, sie wollen es. »Wir wollen niemals auseinandergeh'n, wir wollen immer zueinandersteh'n. Mag auf der großen Welt auch noch so viel gescheh'n ...«, singt Heidi Brühl 1959, am Ende des Ehe-Boom-Jahrzehnts. Gedichtet hat den Titel Bruno Balz. Ursprünglich hätte Zarah Leander das Lied singen sollen. Gut 20 Jahre zuvor hatte die gefragt: »Kann denn Liebe Sünde sein?«, auch dieser Titel stammt aus Balz' Feder. Es war eine Art Protestsong gegen die Spießermoral. Das passte in die Künstlerszene – und es passte zur Nazi-Ideologie. Da galt die Treue dem Führer und dem Vaterland, aber nicht zwingend dem Partner und der Partnerin. Sexuelle Verbindlichkeit stand im Verdacht, rassisch wenig effizient zu sein. Zucht und Ordnung sind politische Ziele, Zucht und Bindung nicht unbedingt.

In der jungen Demokratie der Heidi-Brühl-Bundesrepublik dagegen ist private Treue politisch und ökonomisch effizient. Der Traum von der heilen Welt der Kleinfamilie mobilisiert die Arbeitskraft des Ernährers und sichert der CDU Wählerstimmen. Mit dem Slogan »Keine Experimente« gewinnen die Christdemokratien 1957 die absolute Mehrheit. Lust auf Neues gilt als politische Sünde, Stabilität verspricht Erlösung.

Ihrem ersten Kanzler Konrad Adenauer wollen die Westdeutschen scheinbar ewig treu bleiben, erst nach 14 Jahren endet die politische Ehe mit dem Hochbetagten. Bis heute sieht Demokratie in der Bundesrepublik wie serielle Monogamie aus, immerhin vier von acht Kanzlern schaffen es übers verflixte siebte Jahr hinaus. Neben Adenauer auch Helmut Schmidt, Helmut Kohl, Gerhard Schröder und Angela Merkel. Unverbrüchliche Treue zu einer Partei, zu einem Kanzler und zu einem Koalitionspartner aber widerspricht dem Grundprinzip dieser Staatsform. Das lernen die Deutschen langsam. Demokratie braucht den Wechsel und den Wettbewerb. Sie ist per Definition Macht auf Zeit. Ehe hingegen meint Macht der Liebe für immer. Nichts sonst im Leben des Durchschnittsmenschen erhebt den Anspruch, »für immer« zu sein.

Je selbstverständlicher die Demokratie in Deutschland wird, desto selbstverständlicher stellen die Bürger jeden Anspruch des Ewigen infrage. Dass die Ehe seit dem Ende der 1960er-Jahre weniger gefragt ist, hat auch mit demokratischer Reife zu tun. Die Deutschen verstehen: Nur weil etwas angeblich schon immer für immer gewesen ist, muss es nicht so bleiben. Das bedeutet nicht, dass die Ehe mit der Demokratie unvereinbar ist; es heißt aber, dass alles, was nicht korrigierbar oder rückgängig zu machen ist, der besonderen Erklärung bedarf. Ende der Sechziger wird Wandel zum politischen Großversprechen, die Stabilität hat ausgedient. Aus »Wir wollen niemals auseinandergehen« wird im Zuge der Reform des Scheidungsrechts: »Wir gehen auseinander, wann wir wollen.«

Das weltliche Eherecht verlangt nicht die Unauflöslichkeit, aber es legt die Schwelle für eine Scheidung traditionell hoch. Ehebruch ist zu Beginn des 20. Jahrhunderts der meistgenannte Scheidungsgrund. Wer die Treue nachweislich gebrochen hatte, wird »schuldig« geschieden. Allerdings werden Frauen und Männer auch in diesem Punkt ungleich behandelt. Geht die Frau fremd, so genügt das für den Ehemann als Scheidungsgrund. Geht der Mann fremd, reicht das für die Betrogene vor Gericht nicht, es sei denn, der Ehebruch findet im eigenen Ehebett statt. Die duldsame Gattin dient dem Staat, nicht nur der Kirche.

Doch die Gattinnen wollen nicht mehr. Die sozial-liberale Koalition führt 1976 im Scheidungsrecht das Zerrüttungsprinzip ein. Ein wenig wirkt die katholische Vorstellung von der Unauflöslichkeit allerdings weiter: Bis zur Reform des Unterhaltsrechts im Jahre 2008 ist der Ernährer zur lebenslangen nachehelichen Solidarität verpflichtet, danach wird die finanzielle Treue zur Ex-Frau auf drei Jahre begrenzt. Trennung und Scheidung werden im Recht zunehmend entdramatisiert und entmoralisiert.

Als die Studentenbewegung »pennt« auf »Establishment« reimt, sieht es für eine kurze Zeit so aus, als könnte eine neue Leitvorstellung die Ehe ersetzen: die offene Beziehung. Treue ist in der Diktion der Zeit nichts anderes als ein Besitzanspruch. Eifersucht oder Liebeskummer sind Gefühle, die es zu überwinden gilt wie den Kapitalismus. Philosophische Granden, allen voran Simone de Beauvoir und Jean-Paul Sartre, liefern dazu die theoretische Grundlage und das praktische Vorbild.

In entpolitisierter Version finden sich solche Konzepte heute bei Vertretern der polyamoren Bewegung. Auf ZEIT online schwärmt da ein Leser über seine Beziehungen zu drei Frauen: »Jede dieser Verbindungen ist einzigartig, und ich habe es aufgegeben, ihnen unbedingt feste Bezeichnungen wie ›Partnerschaft‹, ›Freundschaft‹ oder ›Sexbeziehung‹ zu geben, weil kein Begriff den Menschen dahinter gerecht wird. Ich suche keinen Halt mehr in solchen Labels, sondern lasse zu, dass sich jede Beziehung individuell entwickelt – und jede hat ihre ganz eigene Zusammensetzung aus romantischen, freundschaftlichen und sexuellen Komponenten.« Herzensmensch nennt er seine Partnerinnen und Partner.

Theodor Fontanes Romanheldin Effi Briest hatte keine Chance zu gestehen: »Ich lebe polyamor.« Mittlerweile wäre sie damit nicht einmal mehr exotisch genug fürs Nachmittagsfernsehen. Das Publikum schüttelt über mehr als einen Liebhaber vielleicht den Kopf, aber es kostet keinen Beteiligten mehr denselben.

Die mediale Beachtung der Polyamorie ist größer als deren quantitative Bedeutung. Fehltritt, Seitensprung, Eskapade – die Alltagssprache verrät, was Norm und was Abweichung ist. Gesellschaftlich durchgesetzt hat sich die nach allen Seiten offene Partnerschaft nicht. Vier Prozent der Deutschen geben laut einer YouGov-Umfrage an, eine solche offene Beziehung zu leben. Die anderen schaffen es zwar nicht unbedingt mit der lebenslangen Treue, nehmen sie sich aber wenigstens zeitweise vor. Nur gut ein Viertel würde dem Partner einen Seitensprung beichten. Ehe-Erhaltung schlägt Ehrlichkeit.

Im Sommer 2010 entspinnt sich im Forum der Partnerbörse »Elitepartner« eine aufschlussreiche Diskussion über die Treue. »Es gibt so viele Regelungen im deutschen Strafrecht, warum ausgerechnet nicht gegen eine so fundamentale Straftat, die ganze Lebensläufe, Perspektiven, Zukunft ruinieren und zerstören kann? Wäre es nicht richtig, sowohl den fremdgehenden Ehegatten als auch den ehebrechenden Part strafrechtlich zu belangen?«, fragt eine »Frederika«. Sie erntet einerseits Hohn und Empörung. »Willst du einen Partner, der dir aus Angst vor Strafe treu ist?«, fragen Mitdiskutanten. Andererseits gilt die straflose Untreue einigen dann doch als ungerecht: »Nur scheinbar können jetzt beide Geschlechter betrügen, ohne Konsequenzen befürchten zu müssen ... Der wirtschaftlich abhängige Partner wird mit Sanktionen belegt (z.B. Unterhaltskürzung bis -Ausschluss), der wirtschaftlich unabhängige muss dagegen keine Sanktionen befürchten!«, schreibt ein »Gast«. Wer für seinen Lebensunterhalt nicht allein aufkommen kann, ist offenbar dazu verdammt, treu zu bleiben. Fremdgehen mit allen Konsequenzen muss man sich leisten können.

Die Forumsbeiträge spiegeln eine zumindest verbale Remoralisierung. Jahrzehnte nach den wilden Sechzigern steht laut Umfragen Treue mit Heidi-Brühl-Anklängen hoch im Kurs, gerade bei Jugendlichen. Laut jüngster Shell-Studie von 2015 halten 83 Prozent der befragten Mädchen und jungen Frauen zwischen 12 und 25 Jahren Treue für »in«, bei den Jungs und jungen Männern sind es 71 Prozent. Heiraten ist für 51 Prozent der weiblichen Befragten und 42 Prozent der männlichen angesagt, ein Anstieg im Vergleich zur ersten Befragung mit diesem Thema im Jahr 2002.

Mit Treue dürfte sexuelle Treue gemeint sein. Lockerer Sex gilt als okay, aber wer fest liiert ist, sollte ausschließlich mit dem Partner seine Erfüllung suchen, glaubt eine Mehrheit der jungen Deutschen.

Betrachtet man Befragungen quer durch alle Altersschichten, relativiert sich der Idealismus: 43 Prozent sagen laut der 2015 veröffentlichten Studie »So ticken die Deutschen«: »Wenn mein Partner mir untreu ist, hat die Beziehung für mich keine Zukunft.« Laut derselben Umfrage sagen 36 Prozent, sie seien von ihrem Partner schon einmal betrogen worden oder hätten zumindest den Verdacht, 21 Prozent geben einen eigenen Seitensprung zu. Auch wenn nicht jeder es schafft, nur einem oder einer treu zu sein: Die exklusive Zweisamkeit des Du-Du-nur-du-allein wird zumindest als sozial erwünscht aufgefasst. Als ein Marktforschungsinstitut behauptete, 30 Prozent der Nutzer der Spontan-Dating-App Tinder seien verheiratet, hielt das Unternehmen diese Zahl für imageschädlich und schraubte den Anteil auf 1,7 Prozent herunter. Sollte es eine digitale Revolution geben, so mag sie das tatsächliche Paarungsverhalten verändert haben, den Traum von der Treue hat sie nicht hinweggefegt.

Als ich Ende der 1980er-Jahre bei der Lokalzeitung begann, gehörten Artikel über Goldhochzeitspaare zu den belächelten Terminen. Man konnte sie aus Textbausteinen zusammensetzen: Kennengelernt hatten sich Karlheinz und Gertrud auf der Kirmes/beim Schützenfest/beim Maiball, ein Jahr später wurde geheiratet. Karlheinz wurde zum Oberamtmann/Filialleiter/Innungsmeister befördert, Gertrud kümmerte sich um Kinder und Haushalt. Ihren Festtag würden Karlheinz und Gertrud im Kreise ihrer Kinderenkelurenkel verbringen. Mittlerweile haben sich Lebensgefühlmagazine des einstigen Spießerthemas angenommen und machen aus Karlheinz und Gertrud Emo-Dramen vom Schlag: »Das Glücks-Geheimnis langjähriger Paare«.

Helmut Schmidt wurde nicht nur als Altkanzler und ZEIT-Herausgeber bewundert, sondern auch als Dauerehemann. Über 60 Jahre war er mit seiner Loki verheiratet. In seinem letzten Buch beichtete er einen Seitensprung. Als Talkmasterin Sandra Maischberger ihn in einer Sendung auf die Haltbarkeit seiner Ehe ansprach, sinnierte er: »Wenn eine Ehe sehr lange hält, dann ist das nur der Frau zu verdanken.«

Warum Treue regelmäßig geschworen, aber laut Statistiken regelmäßig gebrochen wird, darüber streiten Experten. Die Bio-Argumentierer behaupten: Der Mensch, vor allem der männliche, könne einfach nicht lange mit nur einem Sexualpartner auskommen. Er wolle seine Gene verbreiten, dieses Ur-Menschliche steckt in ihm drin, selbst wenn er dem Ur-Pelz ansonsten mit allerlei Epilierversuchen zuleibe rückt. An diesem Erbgut-Verbreitungsauftrag könnten Strafe und Sünde nichts ändern. Monogamie stecke nicht im genetischen Programm des Menschen.

Diese Sichtweise ist ebenso beliebt wie bequem. »Schatz, ich war's nicht, es war meine DNA«, ein solcher Satz entlastet von persönlicher Verantwortung. Die französische Psychologin Maryse Vaillant erklärt in ihrem Buch »Les hommes, l'amour, la fidélité«, warum Treue für Männer unmöglich ist. Die Ehe bekämpft sie, anders als ihre Landsfrau de Beauvoir, nicht mehr ideologisch: Heiraten gilt entweder als ungesund, weil es gegen die natürliche Programmierung verstößt. Oder es ist eher eine sportliche denn eine moralische Herausforderung nach dem Motto: Mal sehen, wie lange wir zu zweit durchhalten und wann die ménage-à-trois oder à-quatre beginnt.

Die nicht biologisch abbaubaren Argumente basieren dagegen auf der Annahme, dass der Mensch einen freien Willen hat und sich für Treue entscheiden kann. In einem Interview mit der »Süddeutschen Zeitung« erklärt der Paartherapeut Wolfgang Krüger kategorisch: »Wer auf Dauer fremdgeht, wird damit nicht glücklich. Er verliert die sozialen Wurzeln, er weiß, dass er sowohl die Partnerin als auch die Geliebte enttäuscht. Er muss überall lügen, und letztlich ist er nirgends zu Hause.« Selbst wenn der Mensch nicht zur Monogamie geboren sein mag, in einem kulturellen und zivilisatorischen Rahmen wie dem unseren führt Untreue zu Unbehaustheit.

Schon der Apostel Paulus ahnte die Spannung zwischen Trieb und Treue. Er warnt deshalb vor übertriebener ehelicher Keuschheit; ungestillte Bedürfnisse könnten zum Ehebruch verleiten. Damit ist er von modernen Ansätzen der Eheberatung nicht so weit entfernt. Auch diese zielen darauf, den Partner zu umwerben, sich für ihn attraktiv zu halten, bei aller Belastung auch ein Liebespaar zu bleiben. »Ich bin treu« heißt übersetzt: Ich gebe dem Partner keinen Grund, Ersatz für irgendetwas – sei es Sex, sei es Intellekt oder sei es Gemütlichkeit – woanders zu suchen.

Eine groß angelegte, 2002 in der Zeitschrift für Soziologie veröffentlichte Ehestudie berichtet davon, dass die Untreue nach 1968 zwar anstieg, aber seit Mitte der 1980er-Jahre zurückgeht. Sollte es den von Kulturpessimisten gern diagnostizierten Sittenverfall tatsächlich geben, so lässt er sich nur schwer messen. Was allerdings messbar steigt, ist die Zahl der Ehekrisen. Der Mannheimer Soziologe Hartmut Esser sieht die Hauptursache darin, dass die Ansprüche an die eigene Ehe gewachsen sind. Es gibt mehr Gründe, unzufrieden zu sein, als zu jenen Zeiten, als die Ehe Schicksal oder Konvention war. Die Rahmung der Ehe, der tatsächliche Glaube an die Unverbrüchlichkeit, bröckelt mit jeder Krise. Esser resümiert: »Die ›Ansprüche‹ sind ganz offensichtlich vor allem deshalb gestiegen, weil es einerseits immer weniger eine gänzlich »unbedingte« Loyalität der Partner füreinander mitsamt der Orientierung an der Ehe als einer unverbrüchlichen Institution gibt, und weil andererseits die Kosten für die Aufgabe der einen und den Neubeginn einer anderen Beziehung deutlich gesunken und die akzeptablen Exit-Möglichkeiten gestiegen sind.« Kosten, Exit-Möglichkeiten, Gewinnerwartungen – das klingt eher nach einer Geschäftsbeziehung als nach einer Liebesehe. Ökonomen sprechen denn auch nicht mehr von Fremdgehen oder Untreue. Sie nennen es »Wahrnehmen einer besseren Außenoption«, wenn Verheiratete sich auf eine außereheliche Beziehung einlassen.

Der kühle Slang kann nicht darüber hinwegtäuschen, dass Untreue wehtut. Sie verletzt keine allgemeinen Gesetze mehr, sie verletzt die eigenen Gefühle. Wenn die Ehe die Dokumentation des Geliebtwerdens ist, dann ist Betrogenwerden die Dokumentation des Nicht-mehr-so-sehr-Geliebtwerdens. Eine Niederlage. Eine Gewinnwarnung. Eine enttäuschte Erwartung. Ein Risikofaktor fürs Glück.

Das christliche Treuegebot steht quer zu all diesen biologischen, ökonomischen und soziologischen Überlegungen. »Du sollst keine anderen Götter neben mir haben«, lautet eines der zehn Gebote. Im Christentum ist daraus das Eheversprechen geworden: Ich werde keinen anderen Partner neben dir haben. Gott liebt, Gott wird eifersüchtig, Gott straft, aber er kündigt die Treue nicht auf. Er ist Jahwe, der Ich-bin-da. Das Alltagsabbild dieses »Monotheismus der Treue« (Jan Assmann) ist die monogame, lebenslange Ehe. Die Verbindlichkeit der religiös begründeten Ehe entspringt der Gottesfurcht und der Gottesebenbildlichkeit des Menschen. Die Verbindlichkeit der zivil geschlossenen Ehe hingegen zeugt zunächst von der großen Angst, den eigenen Besitz zu verlieren.

Treue ist in den monotheistischen Religionen ein Wert an sich, sie bedarf keiner Begründung. Ich-bin-dann-mal-weg, das passt nicht zu Jahwe. Das christliche Menschenbild geht davon aus, dass Mann und Frau zur Treue geboren sind. Das »eine Fleisch« gibt es nicht im Plural. Doch Menschen können auf den Pfad der Sünde geleitet werden, auch davon erzählt die Bibel.

Jesus setzt neue Maßstäbe: Auch Männer sollen ihrer Frau treu sein, sagt er. Untreue beginnt für ihn schon bei lüsternen Blicken. Er schützt mit dieser Rigorosität nicht Erbfolge und Erbanlage, ihm geht es um die Liebe zwischen Mann und Frau. Damit bringt er einen hohen Anspruch in die Welt.

Unter dem Einfluss des Christentums setzt sich zwar die Monogamie durch. Das heißt jedoch zunächst nicht viel mehr, als dass Männer sich auf eine Gattin beschränken. Ihre Bedürfnisse können sie auf verschiedene Frauen verteilen. Der Adel – heute gern Hüter konservativ-katholischer Ansichten – nimmt sich lange die Freiheit, es mit der Treue nicht so genau nehmen zu müssen. Der Soziologe Norbert Elias zeigt in seinem Werk über den Prozess der Zivilisation, wie Affektkontrolle und Fortschrittsglaube zusammenhängen. Dass Triebe gezügelt werden müssen, ist eine sehr alte Vorstellung. Dass sie auch tatsächlich gezügelt werden können, ein neuer Gedanke. Zum Christentum gehört zwar die Idee der sexuellen Exklusivität der Zweierbeziehung, zum christlichen Abendland gehören jedoch auch Freudenhäuser. Zunächst stehen sie in der Stadt, dann werden sie in den Sperrbezirk ausgelagert, eine Art architektonische Affektkontrolle. Liebe und Treue sind in der Geschichte der Ehe nicht immer eins; Fremdgehen oder Bordellbesuche gehörten in katholischen Ländern zum stillschweigend akzeptierten Verhalten. Treue wird zwar mit ernstem Gesicht versprochen, aber nicht immer ernsthaft erwartet.

Die kirchlichen Vorstellungen von der Unauflöslichkeit der Ehe sind vor allem im ersten Jahrtausend uneinheitlich. Tiefenwirksam werden sie erst, als sie ins Kirchenrecht eingehen und als dieses Kirchenrecht auch durchsetzbar ist.

Die Treue ist für die katholische Ehe so wichtig, dass Braut und Bräutigam sie einander ausdrücklich und vor Zeugen versprechen. Wer dieses Wort bricht, begeht eine schwere Sünde. Aber diese wiegt nicht so schwer, als dass sie die permanente Sünde einer zweiten zivilen Ehe rechtfertigen könnte. Laut Kirchenrecht ist Ehebruch ein legitimer Trennungsgrund. Der CIC empfiehlt jedoch dem Betrugsopfer, Fremdgehen zu verzeihen und die Ehe zu erhalten. Eine hochbetagte Leserin von Christ & Welt schrieb mir vor vielen Jahren nach einem kritischen Kommentar zum katholischen Eheverständnis: »Junge Dame, Sie müssen noch viel lernen. Eine gute katholische Ehefrau erträgt, wenn ihr Mann sie betrügt, und betet dafür, dass er wieder zur ihr zurückkommt. So habe ich das gemacht. Und mein Mann ist zurückgekommen.« Das ist die Helmut-Schmidt-Position plus Katechismus.

Die Kluft zwischen Lehre und Leben überbrücken lange duldsame Frauen. Wer fremdgegangen ist, soll Gott und die Gattin um Vergebung bitten und Besserung geloben. »Geh hin und sündige fortan nicht mehr«, sagt Jesus einer Ehebrecherin. Was er dem betroffenen Mann rät, wissen wir nicht. Das Kirchenrecht nimmt die Betrogenen mindestens so in Pflicht wie die Betrüger. Die Unverletzlichkeit der Ehe zählt mehr als die Verletzlichkeit der Gefühle. Vom Monogamie-Begriff der Wühlmäuse ist das gar nicht so weit entfernt. Hauptsache ist, dass die Verteidigungslinie steht. Hauptsache, das gemeinsame Nest bleibt erhalten.

In vergangenen Jahrhunderten sorgte die geringe Lebenserwartung dafür, dass die Geltungsdauer des Treueversprechens überschaubar blieb. Wer jetzt mit 30 heiratet, hat rein statistisch mindestens 50 gemeinsame Jahre vor sich. Das kann eine große Gnade sein, aber auch eine große Qual.

Am Rande der Familiensynode in Rom spreche ich bei einer Tasse Espresso mit einem angehenden Priester über dieses Buch. »Unauflöslichkeit, das klingt so negativ«, sagt er. »Treue ist doch viel positiver besetzt, davon müssten Sie reden.« »Follow your dreams«, solle die Kirche jungen Paaren zurufen, die an die Treue glauben, sagt der Vorsitzende der Bischofskonferenz in seinem Abschlussstatement.

Nur: Treue und Unauflöslichkeit sind nicht dasselbe. Für die katholische Kirche ist Unauflöslichkeit wichtiger als Treue, für die meisten Verheirateten dürfte es umgekehrt sein. Untreue bedeutet Vertrauensbruch. Wer vom Partner betrogen wird und darunter leidet, hat das Recht, sich zu trennen und einen treueren Partner zu suchen. Das ist gesellschaftlicher Konsens. Die katholische Kirche gewichtet umgekehrt: Das Versprechen »alle Tage meines Lebens« gilt unbedingt auch demjenigen gegenüber, der es bricht. Es gibt kirchenrechtlich keinen Weg, ein gebrochenes Treueversprechen als Grund dafür geltend zu machen, den Partner zu verlassen und einen neuen zu suchen. In der Ehe kann geschehen, was will, der Bund bleibt unauflöslich. Wer mit 40 geschieden ist, soll die ihm oder ihr statistisch zustehenden 40 Jahre keusch leben, so will es die Lehre.

Die »Scheidung auf Katholisch« geht nur im Zuge eines Annullierungsverfahrens. Damit wird geprüft, ob Gott von Anfang an überhaupt mit im Bunde war. Formfehler, psychische Unreife oder nicht vorhandener Kinderwunsch zum Zeitpunkt der Hochzeit können dazu führen, dass eine Ehe für nichtig erklärt wird. Sakramentaltheologisch mag das ein sauberer Weg sein, doch den Betroffenen kommt die Prozedur unaufrichtig vor: Wie glaubhaft ist es, wenn die Ehe zerrüttet ist, im Nachhinein Belege dafür zu suchen, dass sie nie zustande kam? Wie wahrhaftig ist es, gemeinsame Jahre für null und nichtig zu erklären? Widerspricht nicht genau das dem Grundgedanken der Unauflöslichkeit? Auch von einer Ehe voller schlechter Tage bleibt nicht nichts.

In Deutschland sind Annullierungen ein unbeliebter Weg, nur gut 740 gab es im Jahr 2013. Interessiert daran sind vor allem Mitarbeiter kirchlicher Einrichtungen, denn ihnen drohte bis vor Kurzem bei einer zweiten zivilen Hochzeit der Jobverlust; mittlerweile ist im Arbeitsrecht der Automatismus zwischen Wiederheirat und Kündigung aufgehoben. Papst Franziskus hat kurz vor der Familiensynode 2015 den Instanzenweg bei der Annullierung vereinfacht. Das Verfahren wird einladender für alle, nicht nur für gut Informierte. Das ist gerecht. Nur: Der Wirklichkeit wird die Annullierung nicht gerecht: All das, was in den Jahren der Ehe passiert sein kann – Vertrauensbruch, Fremdgehen, Gewalt, Entfremdung –, bleibt außen vor.

Ein anderer, weniger bekannter und noch seltener genutzter Weg aus der Ehe ist das Inkonsummationsverfahren. Demnach kann der Papst die Ehe auflösen, wenn sie nachweislich nicht vollzogen wurde. Hier gilt noch mehr als bei der Annullierung: Gefühle müssen draußen bleiben.

Der Anspruch des Einzelnen an eine Partnerschaft ist gewachsen und damit die Anfälligkeit. Das katholische Eherecht ist stehen geblieben: Es formuliert die Erwartungen der Kirche und ignoriert die Erwartungen der Paare.

Die Unauflöslichkeit der Ehe ist so wichtig, dass sich daran die Kirchen geschieden haben: Die Evangelische Kirche beschränkt sich darauf, dass dieses »Für immer« wenigstens im Moment der Trauung ernst gemeint ist. Die Orientierungshilfe aus dem Jahr 2013 greift das Thema Treue kaum auf. Die Kirche erinnere »in jedem Traugottesdienst an das große Glück, einen Partner oder eine Partnerin fürs Leben zu finden und gemeinsam eine Familie zu gründen, und an die Bedeutung von Treue, Geduld und Vergebungsbereitschaft für die Liebe. Füreinander geschaffen zu sein und »auf ewig« zueinander zu gehören, das entspricht dem Lebensgefühl der Paare bei ihrer Hochzeit; gegen alle Erfahrung zerbrechender Beziehungen, von Kinderlosigkeit und Auseinanderleben sind die Worte der Trauagende wie ein Schutzwall für Treue und Beständigkeit.« Ob der Schutzwall hält, ist unerheblich. Gute Ehen tun etwas für den Bestand der Gesellschaft, das propagiert schon Luther, schlechte Ehen sind es nicht wert, erhalten zu werden.

Auch die Ostkirchen haben eine andere Praxis entwickelt als die römisch-katholische. Scheidungen und zweite kirchlich geschlossene Ehen sind erlaubt nach einem Weg der Buße.

Die katholische Lehre beharrt auf der Grundannahme: Wenn Gott mit im Bunde ist, dann kann eine Ehe nicht durch menschlichen Willen beendet werden. Wer Gott treu ist, ist auch dem Partner treu. Die Kirche möge anerkennen, dass sehr wohl irreparable Ehe-Schäden möglich sind, wünschen sich Reformgruppen. Käme es dazu, könnte sie auch zweite Ehen segnen. Priester können laisiert und Ordensleute von ihrem Gelübde entbunden werden. Selbst der Papst dürfte, nach einem entsprechenden Verfahren, heiraten. Eheleute sind alternativlos.

Weniger als jede dritte zivile Ehe, in der wenigstens ein Partner katholisch ist, wird auch kirchlich geschlossen. Die katholische Hochzeit ist, trotz aller Romantik-Fantasien, nicht mehr besonders attraktiv. Alternativlosigkeit schreckt ab. Unauflöslichkeit ist zum Synonym für Unerbittlichkeit geworden.

»Ich verspreche dir die Treue.« Dieser Satz klingt unbedingt und leidenschaftlich. Aber genau in dieser Unbedingtheit steckt eine Falle: Es gibt eine Treue, die zum Klammern wird. Die jede Veränderung des anderen als Verrat und Vertragsbruch brandmarkt. Die darauf pocht, dass alles so bleibt wie am ersten Tag. Wer will schon blinde Treue ohne Wenn und Aber schwören? Ist es nicht schon anspruchsvoll genug, zu versprechen: Ich bin darauf gefasst, dass es nicht so gut bleiben kann wie an diesem Tag. Ich nehme dich ernst, höre dir zu, schau dich an. Treue klingt zwar groß und schön und alt und feierlich. Ehrlicher ist das resignativ-reife Ja-Wort: Ich verspreche dir die Loyalität. »Loyalität ist, wenn man trotz einer schwierigen Situation nicht abhaut«, schreibt das Wirtschaftsmagazin »brandeins«. Ehe ist, wenn man trotz einer schwierigen Situation nicht abhaut.

Schlusswort: Spiel über die Bande

Drei Buchstaben, zwei Menschen und die eine immer gleiche Frage: Wie kann das gut gehen? Ein Leben lang, in Liebe. Der Streifzug durch die Jahrhunderte zeigt, dass es keine Hoch-Zeit der Ehe gibt, allenfalls eine Hochphase kirchlichen Einflusses. Gute Heiratsstatistiken bedeuten nicht automatisch gute Ehen, schlechte Zahlen nicht automatisch schlechte Zeiten für die Ehepaare. Das Versprechen, dauerhaft zusammenzuleben, war zu allen Jahrhunderten reiz- und anspruchsvoll. In allen Jahrhunderten war es für die einen Segen, für die anderen Fluch. Frühere Generationen waren nicht treuer als heutige, sie lebten nur weniger lange.

Der Staat gibt keine Antwort auf die Frage nach dem Gutgehen. Er kümmert sich darum, wie eine gültige Ehe zustande kommt, wer das Sagen hat und was geschehen soll, wenn nichts mehr geht. Moderne Gesetzgebung öffnet einerseits die Ehe für möglichst viele, andererseits regelt sie den Schluss möglichst kurz und schmerzlos. Der deutsche Staat setzt steuerliche Anreize, um die Entscheidung für den Trauschein finanziell leichtgängiger zu machen. Wer sich bindet, darf splitten. Regelmäßig wird das Splitting infrage gestellt, bisher hält die Erfindung aus dem Jahr 1958 länger als eine durchschnittliche Ehe. Politiker sind zwar Vielfaltspfleger geworden, aber noch hegen sie die Ehe als besondere Lebensform.

Die katholische Ehe ist noch besonderer. Die Kirche traut sich, was sich der Staat versagt: Sie beantwortet die Frage, wie das gut gehen kann. Sie will Halt, nicht nur Haftung. Sie verspricht: Wenn ihr euch an unseren Vorgaben orientiert, wenn ihr Gott in euer Leben lasst, dann seid ihr gegen die schlimmsten Risiken gefeit.

Ob der Bund fürs Leben auch der Bundesrepublik Deutschland dient, muss die Kirche nicht fragen. Ein Sakrament ist weder Vertrag noch Institution. Es könnte der Una Sancta gleichgültig sein, was der Staat mit der Ehe anstellt. Hauptsache, im Biotop der Religionsfreiheit kann das Sakrament überleben. Die Kirche muss nicht einmal beweisen, dass die Ehe dem Wohl des Paares dient. Eine Ehe ist auch dann heilsnotwendig, wenn die Beteiligten darin kein Heil mehr erkennen können.

Das Lehramt geht davon aus, dass es besser über das Gute Bescheid weiß als alle anderen. So viel Menschenkenntnis trauen der Kirche zwar immer weniger Menschen zu, dieses Selbstverständnis begründet jedoch ihre Existenz und bleibt ihr Anspruch.

Längst nicht alle Katholiken glauben an die Segnungen der kirchlichen Ehe. Der Anteil der kirchlichen Ehen an den staatlich geschlossenen sinkt kontinuierlich. Der Traualtar rückt an den Rand der Gesellschaft, selbst wenn Ja-Worte prominenter Katholiken in bayerischen Barockkirchen gesellschaftliche

Großereignisse sind. Der Glaube wiederum rückt an den Rand der katholischen Ehe: Die wenigsten kirchensteuerzahlenden Paare wissen genau, wozu sie Ja sagen. Sie hören von Liebe und meinen Romantik, sie hören vom Sakrament und meinen das Sentiment, sie versprechen einander die Treue für alle Tage ihres Lebens und meinen alle Tage, solange es gut geht. Die wenigsten glauben daran, dass gemeinsames Beten und Großer-Gott-wir-loben-dich-Singen ihnen durch den Ehe-Alltag hilft. Die wenigsten errichten eine Hauskirche.

Die Kirche prägt mit ihrem Eheverständnis kaum noch die Gesellschaft, sie verwaltet Restbestände sakraler Folklore. Für die Kirche ist dieser Bedeutungsverlust riskant: Die Macht über die Gewissen hat sie längst verloren, nun verliert sie auch die Macht über die schönen Momente des Lebens. Wenn die volkskirchlichen Strukturen vom Hochzeitsmarkt verschwinden, bleiben jene Katholiken übrig, die sich als Ehe-Elite-Einheit verstehen. Schon die weltliche Ehe muss Extremsporterwartungen genügen, die kirchliche erst recht.

Dabei braucht Glauben weniger Glühen als Gelassenheit. Die Sehnsucht nach Glück, die Lust an Sexualitäts- und sonstiger Optimierung, der Kampf gegen Diskriminierung, die Ökonomisierung der menschlichen Existenz, all das kann die Kirche nicht kaltlassen. Der übliche römische Kulturpessimismus entfaltet keinen Appeal. Die Lehre ist richtig, die Leute sind falsch – diese Ehe-Eliten-Theorie schmeckt nach abgestandenem Glühwein. Papst Franziskus hat die Bischöfe gezwungen, sich nicht nur mit dem Scheitern von Ehen zu befassen, sondern auch mit dem Scheitern der kirchlichen Ehe-Lehre.

Schamhaft verschweigt das katholische Reformlager, was er damit tatsächlich in Gang gesetzt hat. Der Kern des katholischen Eheverständnisses steht auf dem Spiel: die Unauflöslichkeit. Wider anderslautende Beteuerungen umkreisen die innerkirchlichen Diskussionen eben doch die Frage, ob das Eheband unter der Last zerreißen kann. Aber wohin mit Gott, wenn die Ehe vorzeitig endet? Hat er sich dann davongeschlichen, als es schwierig wurde? Die charmante Annullierungs-Offensive des Papstes mogelt sich an einer Antwort vorbei.

Ehe, Gott: Gerade die kurzen Wörter haben es in sich. Für eine vertiefte Diskussion reicht es nicht, mit Jesus-Worten und Thomas-von-Aquin-Zitaten zu jonglieren. Das Ehebild hängt vom Gottesbild ab. Barmherzigkeit sei bloß ein Hobby dieses Papstes, raunen jene, die alles so lassen wollen, wie es ist. Eine Marotte des Weltpastors. Ein bisschen Heilige Pforte, ein bisschen heiliger Bimbam – und in den Herzen wird's warm. Eine ehrliche Debatte über die normative Kraft des Wirklichen steht aus. Wenn die Kirche es ernst meint mit dem Grundgütigen, wenn die Heilige Pforte der Barmherzigkeit wirklich offen steht, dann ist kaum zu glauben, dass dieser Gott im Ernstfall nur Durchhalteparolen zu bieten haben soll.

Doch nicht nur die Kirche ist unbarmherzig. Wir sind bei aller Liebe zur Selbstabsolution auch hart zu uns selbst. Wir haben den Allmächtigen durch Algorithmen, Hormonexpertisen und Paarpotenzialanalysen ersetzt. Wir reden nicht mehr von Sünde, aber von Versagen. Wir folgen diffusen Autoritäten. Lebensklüger sind wir davon nicht geworden, eher lebensplanfixierter.

Gelassen betrachtet, steckt im Gedanken der Unauflöslichkeit doch so etwas wie Weisheit. In einer guten Ehe spürt man das unsichtbare Band, ohne große Zeichen, ohne große Worte. Außenstehende spüren es auch. Und in einer schlechten? Kurz vor Abgabe des Manuskripts sprach ich mit erfahrenen Mitarbeiterinnen der Telefonseelsorge. Das Thema war ursprünglich nicht die Ehe, das Gespräch kam aber darauf, weil so viele Anruferinnen darüber sprechen. Sie malen sich noch Jahrzehnte später aus, wie ihr Leben wohl verlaufen wäre, wenn sie bei ihrem Mann geblieben wären. Und das, obwohl die meisten von ihnen die Scheidung für die richtige Entscheidung halten. Das Beispiel zeigt: Wenn eine Ehe endet, bleibt bei den Partnern vieles davon zurück. Das ist nicht das, was glühende Ehe-Denkmalschützer meinen, wenn sie aufs Ewige pochen und Wiederverheiratete nach allen Regeln theologischer Kunst bestrafen. Ein paar Fäden des Bandes reißen doch nie. So verstanden, kann die Vorstellung von der Unauflöslichkeit auch im Alltag helfen. Wenn ich weiß, was wirklich bleibt, verhalte ich mich anders, in jeder Beziehung, nach jeder Beziehung.

Das Buch ist fast zu Ende, meine Ehe besteht noch immer. Und noch immer habe ich abgesehen von dem realistischen Blick auf die Unauflöslichkeit, keine Tipps parat. Gestiegen ist im Laufe des Schreibens meine Skepsis gegenüber allen Ratschlägen, wie die perfekte Liebe, der perfekte Sex und die perfekte Beziehung auszusehen haben. Gestiegen ist meine Skepsis gegenüber dem pathetisch-katholischen Getöse der Ehe als Berufung. Gestiegen ist schließlich meine Dankbarkeit dafür, dass »es« bei uns schon so lange grundlos gut gegangen ist.

Zu hohe Ansprüche an die Ehe bergen ein hohes Risiko, zu niedrige auch. Das richtige Maß aus Anstrengung und Gottvertrauen, Gelassenheit und Leidenschaft erfasst ein Satz, den sich kein qua Amt Unverheirateter, sondern ein in fünf Ehen erprobter Schauspieler und Stückeschreiber ausgedacht hat. »Das Geheimnis einer glücklichen Ehe liegt darin, dass man einander verzeiht, sich gegenseitig geheiratet zu haben«, sagte Sacha Guitry. Wenn beide darüber lachen können, sinkt das Scheidungsrisiko. Man sollte die Ehe vielleicht doch nicht so ernst nehmen.

Zitiertes, Gelesenes, Lesenswertes (Auswahl)

Angenendt, Arnold: Ehe, Liebe & Sexualität im Christentum. Von den Anfängen bis heute. Münster 2015.

Assmann, Jan: Exodus. Die Revolution der Alten Welt. München 2015.

Augustin, George / Proft, Ingo (Hg.): Ehe und Familie. Wege zum Gelingen aus katholischer Perspektive. Freiburg 2014.

Balzac, Honoré de: Physiologie der Ehe. Eklektisch-philosophische Betrachtungen über Glück und Unglück in der Ehe (http://gutenberg.spiegel.de/buch/physiologie-der-ehe-4868/1).

Bilkau, Kristine: Die Glücklichen. München 2015.

Clauss, Manfred: Ein neuer Gott für die alte Welt. Berlin 2015.

Farley, Margaret A.: Verdammter Sex. Für eine neue christliche Sexualmoral. Darmstadt 2014.

Karle, Isolde: Liebe in der Moderne. Körperlichkeit, Sexualität und Ehe. Gütersloh 2014.

Lau, Mariam: Sexfronten. Vom Schicksal einer Revolution. Berlin 2000.

Peuckert, Rüdiger: Das Leben der Geschlechter. Frankfurt 2015.

Ranke-Heinemann, Uta: Eunuchen für das Himmelreich. Katholische Kirche und Sexualität. München 1990.

Ratzinger, Joseph: Zur Theologie der Ehe. In: Theologie der Ehe. Regensburg / Göttingen 1969, S. 81–115.

Retzer, Arnold: Lob der Vernunftehe. Eine Streitschrift für mehr Realismus in der Ehe. Frankfurt am Main 2009.

Ruh, Ulrich / Wijlens, Myriam (Hg.): Zerreißprobe Ehe. Freiburg 2015.
Schmitt, Christian / Trappe, Heike: Geschlechterarrangements und Ehestabilität in *Ost- und Westdeutschland*, SOEP – The German Socio-Economic Panel Study at *DIW Berlin* 2014.
Schockenhoff, Eberhard: Chancen zur Versöhnung? Die Kirche und die wiederverheirateten Geschiedenen. Freiburg 2011.
Wienfort, Monika: Verliebt, verlobt, verheiratet. Eine Geschichte der Ehe seit der Romantik. München 2014.